ちくま新書

「新しさ」の日本思

系譜を探る

西田知己
Nishida Tomomi

1635

「新しさ」の日本思想史——進歩志向の系譜を探る【目次】

はじめに

新発売、新登場、新製品。私たちが日常的に接している「新」の大半は宣伝文句だったりするが、自分から積極的に最新のトレンドを検索している人たちも多い。それだけ世の中は日進月歩で改善や改良が進み、技術やデータが絶えず更新されてきた。その「新」なるものに興味を持ち続けるマインドが形成されたのは、近世（おもに江戸時代）になってからだった。時代の移り変わりにともなう意識の変化が、「新」の字義に反映された結果と考えられる。その主要な変化が、世の中の進歩という認識の拡大だった。

古語の「新」は通例、過去をあらわす「古」や「旧」などと組み合わされて、現在を意味した。対する現代語の「新」は今だけでなく、今後にも意識が及んでいる。今後出る新製品や新情報に期待を寄せるのは、この先の改善や進歩を見越しているからなのだろう。逆に今後の劣化、いわば未来の「古」が思い描かれると、今の新鮮味を実感できる。古代から中世にかけての「新」は、まだその域に達していなかった。「新《あたら》し」のかわりに目新しさや瑞々しさを伝えてきたのは、「珍《めづら》し」や「鮮《あざらけ》し」などの語だった。

よって「新」の字を含む中世語の場合も、今と同じ言葉でも意味まで同じではなかった。たとえば米の場合、現代語の「新米」は出荷時の秋口にだけ使われている。業者目線でも、最大で年内までしか「新」を名乗れない。対する中世語の「新米」は、過去につくられた「古米」との対比で理解されていた。だから翌年の米が出荷されるまでの丸一年間は、「新米」であり続けた。徐々に鮮度が落ち、やがて「新」の水準を下回ると認識されていたわけではなかった。

戦国期をへて平穏な江戸時代が訪れると、学術や文芸が小刻みに更新されながら発達し、「新」の変化をうながす原動力になった。そろばん書の『塵劫記《じんこうき》』は、たびたび「新編」を出しながら改訂を重ねていった。俳人の松尾芭蕉は、つぎつぎに新作を発表しながら俳句の「新しみ」を説き続けた。『解体新書』という名の「新書」は、西洋医学の評価を大いに高めた。こうして社会全体で、継続的に「新」なるものが生み出されていった。従来型の「古」と「新」の構図が崩れ、「新」に次ぐ「新」の展開が可能になった。そこから今後の向上や飛躍が思い描かれ、その予感が「新」の字に見出されるようになったと考えられる。

一方では「新」に次ぐ「新」を懸念する声も高まってきた。声を発したのは、荻生徂徠《おぎゆうそらい》の門流や本居宣長《もとおりのりなが》などの、伝統思想を重んじる学者たちだった。目先の「新」がもたらす利益にとらわれず、「根本」の精神や「本《もと》」の社会に立ち返るよう主張している。彼らこそ、「新」に牽引された世の中の進歩を肌で感じていた人たちだった。「本（ホン・もと）」は「古」や「旧」と並ぶ「新」の対義語で、今でも「新館」に対して「本館」という。この「本」関連の語彙も江戸時代に語義が変化し、「新」の推移とリンクしている部分がある。

江戸時代に評価を高めた「新」は、幕末維新期に大衆をリードするキャッチフレーズ的な役割を果たした。明治「維新」の幕が開け、政府は「御一新」の旗印のもとで政権の運営に乗り出した。民間では何々「新聞」や何々「新報」などの創刊ラッシュが起こり、国際社会を取り巻く先取り情報の提供をめぐって競い合った。明治時代の政治や社会を伝える用語に「新」が多いのは、決して偶然ではない。徐々に進歩していく今後に対する人びとの期待や願いを、この字に託せるようになった結果でもあった。

それにくらべると、古代や中世の歴史的な変革などでは、変えようとする側の本人が「新」を名乗るケースは少なかった。まだ「新」の価値が後世ほど高くなく、そもそも言葉として用途が広くなかった。明治以降の学者たちが「新」によって過去を位置付けた事例ならいくつもあり、「大化の改新」「鎌倉新仏教」「建武の新政」あたりがよく知られている。これらはみな、明治時代の価値観が過去の歴史的な事象に投影された具体例だった。

世界史的に見れば、進歩思想は十八世紀のヨーロッパ社会で発達した。日本では幕末維新期の翻訳文化を介して、欧米社会に見習うべき「進歩」が各方面で主張された。とはいえ、かけ声だけで文明開化が実現されるはずもない。高度な外来の文化を受け入れるための、下地となる学術や思想といったものが、あらかじめ国内で育っていなければならない。「新」や「本」の字義の変化をたどる試みは、その点に迫る一助となるように思われる。素朴な漢字を含む身近な言葉から読み取れる、多様な世界の広がりと移り変わりを実感していただければ幸いである。

第一章

越えられない本家

——古代・中世の「新」

菱川師宣画『小倉百人一首』に描かれた藤原定家（国立国会図書館所蔵）

1　最初を尊んだ時代

†本来あるべき姿

　物事は日々進歩するから、より新しいものほど高品質・高性能ですばらしい。日本史上そういう価値観が世の中に普及したのは、江戸時代に入ってからのことだった。学術をはじめとする諸分野で絶え間なく改善が進み、具体的な成果が世の中に還元されていくうちに、現代的な認識が育っていった。明治時代に欧米の進歩思想が本格的に導入される前に、国内でひとしきり予行演習がなされていたともいえる。

　他方、古代や中世社会にあっては、古いほど理想的ですばらしいという受け止め方が広く通用していた。むろんその度合いは分野しだいであり、同じ分野でも個々人の思想的な立ち位置などにも左右された。カギとなる言葉にも多様性があり、「本」の字がつく言葉はもっとも主要なひとつだった。

　小学校一年の国語で教わる基本漢字の「本」は、授業でもしばしば説明されているとおり「木」の字が土台になっている。下側に短い横棒を加えると「本」の形になり、樹木の根っこや幹など地面に近い部分をあらわした。そこから物事の根本や、出発点の意に転じた。これと組み合わされている「末」の字は「木」の上に長い横棒を足した形で、樹木の枝葉から転じて些細なことを表現している。現代語なら会社の「本店」と「支店」、あるいはコンピュータの「本体」と「端末」の関係あたりが身近でわかりやすい。

一見したところ、この本末関係は植物の本体となる根や茎・幹と、末端にある枝や葉との位置関係のようにも思える。しかし元来は、根っこから幹が育って枝葉が伸びる成長物語の始めと終わりに相当した。そこから「本」は、物事の始点や起源をあらわした。その原義をふまえながら、テーマによっては、最初に成立したものこそ根源的で重要度が高いとみなされていた。特定の「本」なるものに、大いなる付加価値が与えられていたのである。たとえば仏教語には「本願」「本尊」「本仏」などがあり、本来あるべき「本」が理想に掲げられていた。

仏教では「正《しょう》」もまた最初の姿をあらわし、仏法は「正法《しょうぼう》」でもあった。平安後期から鎌倉時代にかけて流行した末法思想では、仏の教えが保たれている「正法」が変質し、教えが空洞化していく。それを「像法《ぞうぼう》」の時代と称した。いよいよ廃れると、ついに「末法」の世が訪れる。本来は「正」だったものが、徐々に歪んで「末」世に陥るとされ、時の流れのもとに理解されていた。その意味で「正法」は時期区分をあらわす言葉でもあり、仏法の初期段階が「正」の状態に相当する。

もし今の私たちが「正法」の対義語を問われたら、「末法」よりもむしろ「邪法」と答えるかもしれない。正邪や善悪といった対置の仕方にもとづく、いわば空間上の両極のイメージである。それを時間上の配置に置き替えると、最初は「正法」だったがのちに「邪法」に陥ったと解釈できる。善悪の対立を想定せず、一者の中で生じた前後の変化ととらえる見方であり、それが本来の発想に近かった。

最初のことをあらわす「正」は、現代語にもいくらか残っている。たとえば一月のことを「正月」ともいう。由来については諸説があり、最初の月こそ一年のお手本とすべき月だったとする見方がある。だから模範を示すために、めでたく楽しく過ごすべきだとも説かれていた。また書物では、後発の「続編」に対して先に出たものを「正編」と呼んでいる。従来は「正編」が本体として重んじられ、「続編」には従属的な位置が与えられていた。しかし今では、増補訂正的な意味合いでまとめられた「続編」もあり、より改善されている印象もある。

伝統的な「本」や「正」の解釈は、「善」にも押し広げることができる。つまり「善」と「悪」の関係も、本来は先と後の関係にあった。典型例が『孟子』に代表される儒教の性善説で、逆に「悪」を先に持ってきたのが荀子《じゅんし》の性悪説だった。性善説では、人間本来の善良な姿に立ち帰るべきことが説かれた。対する性悪説では、人間にもとから備わっている本性を「悪」と規定しつつも、不断の努力や修養によって「善」の状態にもどせると主張していた。

設定されている人物像は正反対でも、最初の姿は決まっているという発想の枠組み自体は変わらない。

最初が理想的で、後世になるほど理想から逸脱していく。そういう価値観のもとでは、現状に対する評価が辛口になりやすい。ましてや、今後の進歩によってもろもろの事態が改善され、より良き未来が訪れるとする考え方も、容易には育ちにくい。今後の新製品や新情報に期待を寄せる、現代語的な「新」が成り立ちにくかったことも、想像に難くない。現に古代や中世社会には、古代語や中世語ならではの「新」が成り立っていた。

†土地を持つ資格

「本」の優位は教学の世界だけでなく、実社会でも通用していた。その場合には、あるべき理想像といった次元の話ではなかった。たとえば、最初の所有者の正当性を強調する際に借り出されていた。土地の所有については、本来の持ち主の子孫が「本主《ほんしゅ》」として代々所有するのが妥当と認識されている（笠松宏至『徳政令——中世の法と慣習』一九八三年）。

古代の土地売買に関する研究によると、当時の記録に出てくる「売る」の意味は今日と違っていた。たとえば「永売《えいうり》」とは土地の無期限の譲渡をあらわし、毎年代価を払いながら借りて耕作する「賃租《ちんそ》」に対する契約の方式だった。しかし無期限ではあっても、所有権は完全に譲渡されなかった。「本主」による「請戻《うけもど》し（取りもどし）」の期限が、とくに決まっていない契約をさしていたのである。「永売」の延長線上にある中世の「永代売《えいたいうり》」では、売却や譲渡といった要素がやや強まるものの、完全な所有権の移転は定着していない。なおも「本主」の立場が強く、土地と持ち主を切り離す「永代売」は一般的でなかった（菊地康明『日本古代土地所有の研究』一九六九年）。

鎌倉幕府が御家人たちに与えた「御恩」の一部をなす「本領安堵」の「本領」とは、先祖が開墾して代々その家に伝わる私領のことだった。もとからの土地の意である。「安堵《あんど》」とは「堵《と》」つまり垣《かき》の内側に安んじることから転じて、外部の侵害から命や財産が保護された状態をあらわした。幕府が「本領」の利権を認めて証明書を発給し、御家人を保護したのが実際の「本領安堵」の手続きだった。

幕府は御家人を「本所」や「本宅」などに回復させる権限を握っていた。永仁五年（一二九七）に発布された永仁の徳政令では、質入れしたり売却したりした所領は一定条件のもとで「本主」の御家人に無償で返却されると定められていた。一方では御家人による所領の売買や質入れも禁止され、幕府の思惑としてはそちらに主眼があったともみなされている。自分が「本主」であるはずの貴重な土地を、むやみに手放してはならないのだった。

永仁以降に出された一連の徳政令でも、売却した土地や没収された土地が無償で「本主」の手にもどる道が開かれていた。それを実現することが「徳政」つまり「徳」のある政策だと幕府は主張していた。若干きれいごとや建前のようにも感じられ、薄々そう思われていたのかもしれない。だがそうでありながらも、堂々と「徳政」の名を掲げていた。もとの持ち主が正しいとする慣例が、一定の説得力を備えていたからなのだろう。

一連の取りもどしは武家だけの特権でなく、ほかの職種の人たちからも主張されていた。農家であれば、長年にわたって耕作してきた実績だけでなく、その土地を最初に開墾した一族の子孫として所有権が認められていた。この解釈が社会的に認知された農家を生み出し、徳政を要求して立ち上がる徳政一揆の正当性を下支えしていた。もともとご先祖様の農地だったのだから、取り返すことができて当然という言い分である。このように最初の姿が正しいとする解釈が各方面で成り立ち、その多くが「本」を介して主張されていた。

土地所有の移動は仮の姿にすぎないというとらえ方は、戦国時代のローカルエリアとされる関東・四国・九州などに根強く存在していた。近畿地方でも、農村部には残存していた（勝俣鎮夫『一揆』一九八二年）。政変や合戦など、直接戦禍に巻き込まれにくい遠方などでは、伝統的な「本主」像が保持されやすかった。大きな社会変革を経験せず、開墾した先祖の代から所有地を去ったり手放したりする機会がなければ、そう受け止められやすい。むろん現在の土地制度のもとでは、発想的に理解しづらい。だからこそ、最初を重んじる「本」の理念について、改めて確認しておく値打ちがある。

ところで土地関連の用語にあらわれた「本」は、「新」と組み合わされているケースも多い。その場合の「本」は、土地や恩賞の給付があとから追加された際に、もとから得ていた持ち分をあらわした。従来にない「新」が登場してから、それ以前を「本」と規定して区別するタイプで、通常は具体的な二者の間に成り立った。この場合の「本」には「末」に対する優位といった要素が薄く、現代人にも理解しやすい。

鎌倉幕府が御家人に与えた「本領安堵」については、新たな領地を管理する資格を与えた「新恩給与」と一対になっていた。利害関係が絡まない「本領」であれば、先祖代々といった遠い過去から続く実績まで持ち出す必要はない。すでに拝領していた自分の領地といった程度の認識で、事足りたのである。対する「新恩」は新規の取り分をあらわすのみで、「本領」よりも価値が高いかどうかは一概に言えなかった。

三代将軍の源実朝《みなもとのさねとも》（一一九二―一二一九）の暗殺に乗じて、後鳥羽上皇《ごとばじょうこう》（一一八〇―一二三九）が挙兵したのが承久の乱《じょうきゅうのらん》（承久三年、一二二一）だった。その乱が鎮圧されてから「本補地頭《ほんぽじとう》」と区別された「新補地頭《しんぽじとう》」が任命された。幕府は朝廷側の広大な土地を没収し、多くの御家人が新しい地頭として西日本の没収領へ移住して「新補地頭」と呼ばれた。このとき幕府が定めた「新補率法」とは、新たな地頭の「得分」つまり土地から得られる権利や取り分を規定したものだった。のちには地頭による領地の支配が拡大し、「新補率法」を度外視した「得分」も生じて「本補」と「新補」の区別が有名無実化している。

右の例が示しているように、当時は「本」の存在があってこそ「新」も成り立った。もし先に「本」が廃れたら、おのずと「新」の存在価値も薄れた。これも中世的な「新」のあり方の一例だった。

†新制と新法

古代・中世社会に生じた個々の出来事や事件にも「本」と「新」が間々あり、そのひとつが院政における「院」の呼び分けだった。藤原家による摂関政治が衰退し、院政が本格化するに及んで「本院」と「新院」が並び立つケースが生じていた。

平安後期の応徳三年（一〇八六）、白河天皇（一〇五三―一一二九）は第二皇子の堀河天皇（一〇七九―一一〇七）に譲位した。そうして自身が白河上皇になったときから、院政の時代が始まったとされている。上皇または法皇が同時に二人いるときは、先に譲位した上皇を「本院」または「一（の）院」といい、あとから譲位した上皇は「新院」と呼ばれた。「一院」については、三人の「院」が並び立っている場合にも用いられた。

作者不詳の『保元物語《ほうげんものがたり》』上巻の最初は、堀河天皇の第一皇子だった鳥羽天皇《とばてんのう》（一一〇三―一一五六）から語られている。父の病死により五歳で即位し、のちに第一皇子に譲位して自身は鳥羽院に、子は崇徳天皇《すとくてんのう》（一一一九―一一六四）になった。その後、鳥羽院の九番目の子が三歳で即位し、近衛天皇《このえてんのう》（一一三九―五五）となった。そのあとの呼称について、『保元物語』は「先帝（崇徳）をば新院と申し、上皇（鳥羽）をば一院とぞ申（し）ける」と書いている。別段重い病気でもなかった崇徳が、無理やり天皇の座を下ろされ、そこから「一院」と「新院」の親子仲が悪くなったらしいと書かれている。

同じく作者不詳の『平家物語』（覚一本《かくいちぼん》）には、後白河法皇《ごしらかわほうおう》（一一二七―九二）のことをあらわす「一院」が所々に出てくる。巻六「新院崩御《しんいんほうぎょ》」には、高倉上皇（一一六一―八一）の逝去と生前の業績が書かれている。治承四年（一一八〇）二月、天皇は平清盛（一一一八―八一）の孫にあたる安徳天皇（一一七八―八五）に譲位して上皇になった。父親の後白河法皇を「一院」とする「新院」だった。高倉上皇は院政を開始したが、翌治承五年の一月に病に倒れて亡くなった。上皇だった時期は一年足らずだったが、亡くなるまで「新院」だった。就任後しばらくすると使われなくなる、今の「新社長」や「新校長」などの「新」とは異なる。

院政のもとで「新院」から「新」の字が外れるのは、先達の「本院」ないし「一院」が世を去ったときだった。そのときは、単に「院」の一字を名乗ることになる。しかも後続の天皇が譲位すると、今度はそちらが新たな「新院」になり、自分が「本院」の座に収まる。時の経過とともに「新」から「本」にくり上がる持ち回りの動きであり、そこでの「新」もまた新鮮味とは結び付きようがない。

天皇による宣旨《せんじ》や上皇・法皇による院宣《いんぜん》などは、しばしば「新制」と称して発せられた。平安時代の中期頃から宣下《せんげ》されるようになり、条数や年号などを冠して何々「新制」とも称した。後白河天皇の即位にともなって出された「保元新制」が朝廷の求心力を回復させ、「新制」が重みを増すきっかけになったとされている。天皇の代替わりや災害、戦乱などを機に定められ、その際には過去に出されたもの全般が「本」なる制度と位置づけられていた。

しかし、追加自体が疎まれる事態も生じてきた。寛喜《かんぎ》二年（一二三〇）に寛喜の飢饉《ききん》が発生し、被害が全国的に広まった。公卿で歌人の藤原定家《ふじわらのていか》（一一六二―一二四一）の日記『明月記《めいげつき》』には、そのさまがくわしく記録されている。社会的な混乱に危機感を抱いた後堀河天皇《ごほりかわてんのう》（一二一二―三四）は、翌年に「寛喜新制」を宣下して治安の回復や徳政の推進を指示した。

宣下に先立って、若き天皇は定家に相談した。このとき定家は、度重なる「新制」によるデメリットを天皇に進言した。『明月記』の「寛喜二年四月十九日条」には、「代々新制宣下」について「多不吉」と書かれている。「新法」や「新制」を乱発すると政策の方向性がブレやすく、場当たり的な方策とも受け取られやすい。そうなると、かえって社会的な混乱を招きやすくなる。とりわけ世の中の進歩がイメージされていない時代にあっては、「新」に次ぐ「新」

の展開は不安が煽られやすかった。

源平の合戦を制した源頼朝（一一四七―九九）は、後白河法皇から距離を置いて鎌倉に幕府を構えた。その鎌倉幕府から「武家新制」「関東新制」などが出されるようになると、天皇や上皇の新制を「公家新制」と呼び分けるようにもなっている。

頼朝のもとで鎌倉に武家の政権が誕生すると、武士が守るべき法律が制定された。「寛喜新制」の翌年、執権の北条泰時《ほうじょうやすとき》（一一八三―一二四二）が従来の武家の慣習法を成文化した『御成敗式目《ごせいばいしきもく》』（貞永元年、一二三二公布）である。のちに補充や訂正の必要が生じるごとに追加法が発布され、追加法は「新法」と称された。その本体となる『御成敗式目』が「本法」「本条」「本式目」だった。武家法に成り立った「本」と「新」である。追加のもとになる「本法」には、『御成敗式目』以前の諸法も含まれていた。同法の特色として知られる頼朝以来の「先例（判例）」や武家の「道理」が、「本法」の中身でもあった。その「本法」があってこその「新法」だった。

†反社会的な新儀

法制に関する中世語の「新」のうち、おそらくもっとも否定的に解釈されていたのが「新儀《しんぎ》」だった。あらゆる反社会的な行為の、象徴的な表現でさえあった。「儀」は事柄や案件の意で、何々の「儀」といえば、何々の件に関して、といった程度の意で使われた。よって「新儀」と書いた場合には、「新」に良からぬ含みが持たされていた。

『御成敗式目』を生んだ武家法の世界では、「新儀」が違法行為の「非法」と結びついて「新儀非法」とも称した。鎌倉・室町幕府や荘園の領主が、法律に違反した人や反逆者を非難するときによく用い、各地の文書《もんじょ》に記録されている。成句「泣く子と地頭には勝てぬ」のもとになった強欲な地頭が強硬に利権を主張するケースは、法律上この「新儀非法」に相当した。

南北朝期の後醍醐天皇《ごだいごてんのう》（一二八八―一三三九）が語った「新儀」にも、負のニュアンスがともなっている。鎌倉幕府が滅亡したのち、天皇は朝廷の復権を強く打ち出して『御成敗式目』や後世の追加法などを顧みることもなかった。それどころか身内の公家を優遇し、領地の安堵はすべて綸旨《りんじ》（天皇の命を受けて蔵人《くろうど》が発行する文書）によって実施しようとした。足利尊氏（一三〇五―五八）ら武士の反発を招くのは、時間の問題だった。このとき実際に生じた社会的な混乱については、作者不詳の「二条河原落書《にじょうがわらくしょ》」（建武元年、一三三四頃成立）にくわしい。尊氏の離反で建武政権は崩壊し、天皇は奈良の吉野に逃れて南朝が誕生した。

南北朝時代の軍記物語だった『梅松論《ばいしょうろん》』（貞和五年、一三四九頃成立）には、後醍醐天皇が「先例」と「新儀」について語ったとされる有名な言葉がある。原文には「今の例は昔の新儀なり。朕が新儀は未来の先例たるべし」とある。今や伝統的な「先例」として知られていることも、最初はみな異色の「新儀」扱いだった。だから今回、私が定めた「新儀」もまた、将来的には過去の「先例」として認知され、後世に受け継がれていくはずだと述べられている。これは「新儀」がマイナスの評価に傾いていることを自認した上で、希望的な展望を公言したものだった。

のちには「新儀」の名で形容される商人があらわれた。その背景になったのが、南北朝時代から室町時代にかけて京都で栄えた綿座《わたざ》や油座《あぶらざ》などの「座」だった。座とは公家や寺社などの有力な「本所《ほんじょ》」の保護を受けた同業者の集団をいう。彼らは本所に座役《ざやく》（現物や代銭などの課役）を納めるかわりに、商品の生産や販売の独占権などを与えられた。新たな後ろ盾を得た「新座」が形成されると、既得権益の側に属する「本座」との勢力争いが熾烈になった。

この利権に参入を試みたのが京都周辺の「新儀」商人で、「本座」側による提訴や裁決を無視する者もあらわれた。「本座」の商人から見れば、勝手に商売をしている無法者にほかならず、それが「新儀」と表現されていた。応仁の乱（応仁元年、一四六七―文明九年、一四七七）以降になると、彼らの京都進出が顕著になり、その自由な活動を戦国大名らが支援する動きも加速した。最終的には織田信長（一五三四―八二）らによって、営業上の制約をなくす「（楽市）楽座」の政策が推進されたと考えられている（網野善彦『増補　無縁・公界・楽――日本中世の自由と平和』一九八七年）。

否定的なニュアンスを伝える「新儀」は、江戸時代にも受け継がれた。徳川家の二代将軍の秀忠（一五七九―一六三二）は、政策指南役だった以《い》心崇伝《しんすうでん》（一五六九―一六三三）の起案のもと、元和元年（一六一五）に『武家諸法度』を発布した。その一条では、諸国の大名らが「新儀」を画策して「徒《と》党《とう》を結ぶ」つまり反体制的な横の連携を広げようとする動きを察知したら、速やかに幕府に知らせるよう定めている。ここに規定された「新儀」とは、平たくいえば謀《む》反《ほん》のことをさしている。三代将軍の徳川家光（一六〇四―五一）が大幅に改定した寛永十二年（一六三五）の寛永令でも、同じく「新儀を企て徒党を結」ぶことが禁止されている。

江戸時代をむかえる頃までの政治史や法制史に限定しても、「新」のあり方はじつに多様だった。その「新」を制御しようとした旧勢力や伝統的な権威の側が、しばしば「本」の字によってあらわされていた。

歴史の推移をたどっていくと、新たな画期となる「新」の側に目を奪われやすい。そういう内容が教科書にも年表にも載りやすい。それでも政権の安定や永続性を願う為政者にしてみれば、現状維持がベストだった。新興勢力に対しては、しばしば不信感が先立った。せっかく安定しているものを、引っ掻き回されかねない未知の勢力として、おおむね警戒されやすかったのである。その一点を取り上げても、現在ほど「新」を無条件に歓迎する時代ではなかった。

2　和歌と能楽

†古今集と金葉和歌集

和歌を詠むなら、自分らしいオリジナリティや何らかの新しさが求められる。その意識は時代の違いを超えて共有され、古代や中世の詠歌でも同様だった。しかし「新」の語や訓読みの「新し」は、理想の歌について語られた種々の歌論《かろん》の主役ではなかった。作品の新鮮味や、歌人の創造性を評する言葉ではなかったからである。

和歌の歩みは、奈良時代の末期頃に成立した『万葉集』にさかのぼり、『古今和歌集』(以下『古今集』)でひとつの頂点をむかえた。『古今集』は平安前期の延喜五年(九〇五)、醍醐天皇《だいごてんのう》(八八五―九三〇)に奏上《そうじょう》されている。『万葉集』に選ばれなかった古い時代の歌から、撰者たちの時代までの和歌を編纂《へんさん》した、最初の勅撰和歌集である。著名な仮名序《かなじょ》(仮名書きの序文)の出だしで、撰者の紀貫之《きのつらゆき》(?―九四五?)が語ったつぎの言葉が、のちの歌論の出発点になった。

やまとうたは、ひとのこころをたね(種)として、よろづ(万)のこと(言)の葉とぞなれりける。

歌心が「種」になり、それが言葉という「葉」で表現されることによって、和歌が紡ぎ出されるとある。植物の要素を含む「ことの葉」から、植物の「種」が思い描かれている。貫之は「人の心」を「種」に見立てて詠歌の出発点に位置づけた。貫之が重んじた「心」と「言葉」は、言葉になる前の歌心と、言葉であらわされた表現の兼ね合いであり、詠歌の本末関係でもあった。ただし歌心を優先していたわけではなく、両者のバランスを重んじていた。

出だしの一節に続けて、貫之は和歌の歩みを振り返っている。それによると詠歌は、全盛期だった『万葉集』の時代からしだいに衰えた。僧正遍昭《そうじょうへんじょう》（八一六―八九〇）や在原業平《ありわらのなりひら》（八二五―八八〇）、小野小町《おののこまち》（生没年不詳）らの六歌仙と称される歌人が出た頃は低迷期だった。業平の歌は「その心余りて詞《ことば》足らず」つまり「心」が前面に出すぎて「詞（言葉）」が歌心に追いついていなかった。その衰退期をへて、和歌本来の意義を改めて明らかにしようとした『古今集』がこのたび誕生した、と貫之は自負している。

当時の宮中では、詠まれた歌の出来栄えを批評する舞台が用意されていた。歌を披露し合う集いを歌合《うたあわせ》といい、一座の左右に配した歌人たちがそれぞれに歌を詠み、判者《はんじゃ》が勝敗を決めていた。そのときに示される判定の言葉を判詞《はんし》といい、高評価を伝えるのに「珍（めづら）し」

「をかし」「心あり」などがあった。その「珍し」が、和歌の世界を超えて物事の新鮮味一般を伝える言葉の代表格だった。

古語「珍し」の語源については、おもに二説が指摘されている。ひとつは動詞の「め（愛）づ」に由来するとした解釈で、賞賛すべき素晴らしさや好ましさをあらわした。もうひとつが「目連《つ》らし」由来説で、いつまでも目で追い続けていたいほど滅多に見られないことをいう。そこから希少さをあらわし、現在の「珍しい」にも通じる。目新しさは新鮮味にもつながり、現代語の「新しい」にも近づく。その意味で用いられていた「珍し」なら、独創性の高い和歌を評する表現にも適していた。

平安後期の歌人だった源俊頼《みなもとのとくより》（一〇五五―一一二九）は、「珍し」を重んじた歌論でも知られる。堀河天皇の治世下に頭角をあらわし、白河院の院宣を受けて第五番目の勅撰和歌集となった『金葉和歌集《きんようわかしゆう》』の撰進に取り組んだ。天治元年（一一二四）に初度本を奏覧したが却下され、翌年の二度本も返却された。そして大治二年（一一二七）頃に奏上された三奏本が、やっと納められている。二度も大きな改編がなされた勅撰和歌集は、ほかに例がない。

改編が求められたのは、何かと慣例から外れていたからだった。書名や巻数から部立《ぶだて》（構成）に至るまで従来の勅撰集の型を破り、巻頭から同時代の歌人の作品が続いている。収録された個々の作品も、新鮮さを超えて新奇とも受け取られかねない歌風が目立っていた。そうなると、保守的な歌人たちから非難を浴びやすい。一連の『金葉和歌集』のユニークさは、撰進を手がけた俊頼のポリシーによるところが大きかった。

その俊頼がまとめた歌論書の『俊頼髄脳《としよりずいのう》』は、天永二年（一一一一）から永久元年（一一一三）頃に成立した。元来は、関白だった藤原忠実《ふじわらのただざね》（一〇七八―一一六二）の娘の泰子《たいし》（高陽院《かやのいん》。一〇九五―一一五五）が参考にするための手引書だった。歌づくりの実用書として、具体的な心得を説くことが本筋で、詠歌の理想を論じたわけではなかった。

本書には、よく知られた一節がある。原文には「おほかた歌のよしといふは、心を先として珍しき節を求め、詞を飾り詠むべきなり」と書かれている。およそ歌が秀作と評価されるのは、まず詠む対象への「心」のはたらきが第一になる。それを表現するときは、どこかに「珍しき節」つまり新しい趣向を凝らすよう心がける。しかも「詞を飾り詠む」すなわち、華やかに表現すべきだという。『古今集』の仮名序に書かれていた「心」と「詞」に触れながらも、和歌に「珍しき」要素を差し挟んだところに、俊頼の方向性が示されていた（土田耕督『「めづらし」の詩学――本歌取論の展開とポスト新古今時代の和歌』二〇一九年）。

古語の「珍し」と違って、現代語の「珍しい」は少数派であることや風変りなことに力点があり、つねに高評価とは限らない。すると後世になって否定的な用法が派生し、現在に至ったのが語義変化の基本線と考えられる。逆に古語の「新し」には新鮮味の要素がなく、否定的な解釈も見受けられた。そこから語義が変化し、現代語の「新しい」になると新鮮味も付与されて評価も高まった。「珍し」と「新し」は、対照的な推移をたどった言葉だったともいえる。

†藤原定家と本歌取

『古今集』の奏上からちょうど三百年後にあたる元久二年（一二〇五）に、『新古今和歌集』（以下『新古今集』）が成立した。藤原定家をはじめとする六人の撰者によって編纂された、第八番目の勅撰和歌集である。すでに平安王朝の時代は終わりを告げ、武家社会に移り変わっていた。勅撰集の撰進を命じたのは、のちに承久の乱を起こした後鳥羽上皇だった。

本家の『古今集』にならって『新古今集』にも仮名序があり、撰者のひとりだった藤原良経《ふじわらのよしつね》（一一六九―一二〇六）が執筆した。良経によれば、この歌集は『万葉集』をはじめとして『古今集』から『千載和歌集《せんざいわかしゅう》』に至る七つの勅撰集に収められなかった歌から選んだ。集めた歌は合計で二千首、巻数は二十巻に及び、それを「新古今和歌集」と名づけた、とある。

完成までの詳細を伝えている定家の『明月記』によると、元久二年の三月二十日に撰集の作業が終わり、宴の席をもうける目途《めど》が立った。同日の記載に、「新古今」の名が出ている。一方で二十二日の記録には、まだ仮名序ができあがっていないと書かれている。宴が開かれる二十六日まで、関係者たちは気を抜けなかった。

前年の元久元年七月二十二日に、定家が書いた文章から引いたとされる後世の記録がある（二条為世《にじょうためよ》『延慶両卿訴陳状《えんきょうりょうきょうそちんじょう》』）。そちらによると、『新古今集』は当初「続古今」と命名される可能性があった。「新」で決定する前に、「続」が提案されていたのである。「続」なら『古今集』は正編に位置付けられ、本家といえる正編を恭しく継承した印象が強まる。しかし最終的には「新」が採用され、『新古今集』はこの漢字を冠した最初の勅撰和歌集になった。本家の『古今集』を重んじつつ、三百年後の今を生きる歌人の自負も備わった「新」和歌集だった。

その「新」なるものが、時として批判的に受け取られていた点は、和歌の世界でも同様だった。平安から鎌倉にかけての動乱期を生きた定家は、若い頃に前衛的な作風の歌を詠み、当時の歌壇から「新儀」と酷評されていた。私家集の『拾遺愚草《しゅういぐそう》』（建保四年、一二一六成立）の続編となる「員外《いんがい》」によれば、かつて自身の作品は「新儀非拠《しんぎひきょ》」の「達磨歌《だるまうた》」と批判されていた。「達磨歌」とは、禅問答のように難解な作風の意だった。「新儀非拠」の「非拠」とは、非道のことをいう。それと同等にネガティブな響きの「新儀」は、新奇とか珍妙の意に近かった。

それでも定家は、一貫して「新」なる詠歌を目指した。歌人としても知られた源実朝の求めに応じて起筆した『近代秀歌《きんだいしゅうか》』（承元三年、一二〇九成立）にも、そう書かれている。この本の構成は、前半が歌論で後半が秀歌の実例集になっている。後半は「近代」つまり比較的近年の歌から選ばれ、そこから「近代秀歌」と命名された。こういう使われ方をした「近代」は今のことをあらわし、当時の「新」にも近い。

定家によると、かつて貫之は「心」や「ことば」も含めて総合的にすぐれている歌を好み、六歌仙風の「余情妖艶の体」を詠まなかった。それがのちの主流になったが、近年は六歌仙風が復活してきたとある。「余情《よせい》」とは、一般的に情趣のことをいう。貫之が在原業平の歌を「心余りて」よろしくないと却下したのを逆手に取り、再評価したようにも受け取られる。

また定家によれば、貫之以降は歌人の「心」が劣り、「ことば」も卑しくなって落ちぶれた。しかし、さらに時をへて源経信《みなもとのつねのぶ》（一〇一六―九七）らの歌人があらわれた。彼らは「ふるきうた」を請い求め、近年では「ふるきことば」を慕う歌が増えて、六歌仙以降に途絶えていた歌が復活してきた。ところが歌心がわからない人たちは、「あたらしきこと」が出てきて歌の道も様変わりしてしまったと評することだろう、とある。

このあと、歌をどう詠むべきか論じた中に、よく知られた一節がある。「ことばはふる（古）きをした（慕）ひ、心はあたらしきを求め」に始まる箇所である。言葉遣いは古風がよく、内容や情趣は今風がよい。その上で、到達しがたい理想の姿を願って、六歌仙までの歌を手本にすればよいと定家はいう。歌心としての「心」は、「あたらしき」ものが大切だと明言している。その「あたらしき」とは、定家の時代における今風のことだった。

定家が「古」と「新」を対比させたのは、この『近代秀歌』が本歌取《ほんかどり》について議論していたからでもあった。これは歌を詠むとき、すぐれた先人が残した古歌の一部を借りて、そこに自分の工夫や趣向を加えて展開させる技法のことをいう。その手本となる歌を「本歌」といい、本歌を下地にした詠歌の流儀を本歌取と称した。

歌合の判詞では、詠み古されて面白味に乏しくなった表現を「古歌」「古言」「古き詞」などと称していた。その傍らで「本歌」が台頭してきたのは、先行作を再利用しようとする機運のあらわれだった。過去の歌がただの旧作でなく、新旧のコラボとして蘇る余地が広がったとき、いわば「本歌」と「新」なる「心」の時を超えたつながりが想起された。そうして、特定の歌の句を「本歌」と称する意識が高まったと考えられる。

定家の『近代秀歌』には、「ことばはふるきをしたひ」云々とあった。そのあと、実際に「ふるき」言葉を求めて活用する方法として、定家は本歌取を勧めている。本歌取を用いれば重層的に表現しやすくなり、六歌仙の時代に栄えていた「余情」に富む歌を詠むのにも適していた。

『近代秀歌』には、取る字数の基準が示されている。たとえば五七五（上句）の七五の字句（第二句と第三句）を本歌として取り、七七（下句）の字句までもとの歌と同じように続けたら、新しい歌とは認めにくい。これは取る字数が多すぎるケースだった。『近代秀歌』よりもあとに書かれた定家の『詠歌大概《えいかたいがい》』でも、取ってよい字数について述べられている。全五句のうち二句プラス三、四文字までは取ってよく、丸々三句取るのを戒めている。他方では、取る字数が少なすぎる本歌取も問題視している。少なすぎると誰の歌から取ったのかわかりにくく、取る効果が期待できなかった。

こういう「あたらしき」ことの是非をめぐる議論が成り立ったのも、もとになる「本歌」つまり「本」なる存在があってこその話だった。そこには伝統的な「本」と「新」の構図が成り立ち、「本」から離れて「新」に次ぐ「新」といった今後の展望は意識されていない。というよりも、今後の展望は必要なかった。創作活動としての詠歌は、今を生きる歌人によって生み出されていく。その立ち位置を強調し、ある種の使命感を自負したのが定家による歌論の「新」だった。

†能楽の本意と本風

本来あるべき姿をあらわす「本」が重んじられていた歌論では、「本意」も意識されていた。花なら花、月なら月に備わっている本来の姿や美しさが、この言葉に託されていた。そのエッセンスが足りないことを伝える批評の言葉が「本意なし」で、期待外れとか物足りないといった気持ちをあらわした。

歌論に限らず、古語の「本意」には、もとからの意志や願いが基本にあった。平安時代に成立した歌物語の『伊勢物語』第二十三段の「筒井筒《つついづつ》」にも、一例がある。井戸の辺りで遊んでいた幼なじみの男女が大人になり、おたがい恥ずかしがりながらも、男は女をぜひ妻にしようと思った。女はこの男を夫にしたいと思い、親が勧める縁談は断っていた。あるとき男から女のもとに歌が届けられ、これに女が返歌を贈り、相思相愛の意思が確認された。そして二人は「つひに本意のごとく、あひにけり」、つまり、もとからの願い通り結婚したとある。

本作をモチーフにした世阿弥《ぜあみ》（一三六三？―一四四三？）の謡曲《ようきょく》（能楽の作品）が『井筒《いづつ》』だった。世阿弥は『伊勢物語』のほかに『源氏物語』や『平家物語』などの古典作品から、歌舞にふさわしい人物をシテ（主役）に選んでいた。上演する謡曲をなるべくたくさん用意し、観衆を飽きさせないよう心がけていたのである。脚色する前のもとの作品のことを、彼は「本説」と称している。ここでの「本」は、原作といった意味合いだった。

室町幕府の最盛期をもたらした三代将軍の足利義満（一三五八―一四〇八）は、観阿弥《かんあみ》（一三三三―八四）・世阿弥親子の後援者になった。父が没したのちは、世阿弥がその芸を継承発展させている。応永六年（一三九九）には、京都で義満後援の勧進能を興行し、天下に名声を轟かせた。翌年、自身にとって最初の能楽書となった『風姿花伝《ふうしかでん》』（全七編）の第三編までを書いている。本書では「本意」のあり方について、能楽師の目線から掘り下げられている。

第二編の「物学条々《ものまねじょうじょう》」では、書き出しから「物学」つまり物真似の本質が取り上げられ、似せる技法が具体的に解説されている。まず「女」「老人」「直面《ひためん》（素顔の役柄）」「物狂《ものぐるい》」「法師」「修羅」「神」「鬼」「唐事《からごと》」という、九つの役柄が示される。それぞれの「本意」に即して、似せるのを原則としている。たとえば「鬼」なら「まづ本意は、強く恐（ろ）しかるべし」「恐しきところ、本意なり」などと書かれている。

　複数の役柄の兼ね合いについては、悩ましい課題があった。たとえば狂乱を演じる「物狂」と、女性らしさとの折り合いが取り上げられている。「物狂」の「本意」を演じようとしても、女性の姿で怒り狂えば不似合いになる。逆に女の姿を「本意」にすると、今度は憑き物らしさが失われてしまう。『風姿花伝』をまとめた頃の世阿弥にとっては、優美な女性の「本意」と憑き物の「本意」を統合することがむずかしかった。能の作品を書くときには、そういう設定を避けることが肝心としている。

　それでも折り合いの問題は、徐々に解消されていった。『風姿花伝』では九つの役柄をもうけ、演技の型に多様性を持たせていたのに対して、後年の『至花道《しかどう》』（応永二十七年、一四二〇奥付《おくづけ》）ではかなり絞り込んだ。能の骨格を「二曲（歌曲と舞曲）三体（老体・女体・軍体）」としている。老体・女体・軍体に集約させて演じ、忠実に似せようとする思いを消し去れば、異なる「本意」同士のぶつかり合いも解消されていくと世阿弥は考えた。

　一連の演技の集約化は、夢幻能《むげんのう》と呼ばれる様式の形成とも結びついていた。シテが神や霊などの化身としてあらわれる夢幻能では、写実的でない様式がふさわしかった。また演技の集約は、歌論でも重んじられた「幽玄」なる奥深い情趣を醸し出すのにも向いていた。その「幽玄」なる風情については、個々の役柄の「本意」を超えて、作風全般に及ぶ「本風」の視点からも語られている。

『至花道』よりも後に書かれた『三道』（応永三十年、一四二三奥付）は、新作の台本づくりについて述べられている。作風ともいえる「風体《ふうてい》」については、「古風体」を下敷きにした近年の「新風」の数々を紹介している。それらは「本風」をもとに練り直され、時流の変化に合わせて言葉や音曲を少しずつ変えていく。しかし名人クラスになると、その「風体」には「幽玄」なる情趣が備わっていて「真の幽玄本風」は時代の変化に流されないという。

私たちの言語感覚からすると、どのみち新作なら、そのまま「新風」と称しても差し支えない。それでも世阿弥にとっては、一貫した「本風」こそ作風の根幹であり、そこを踏まえた「新風」の可能性を展望していた。ここでも「本」があってこその「新」だった。

世阿弥が活躍した最盛期をへて室町後期に移ると、能楽を取り巻く環境も変わってきた。とくに応仁の乱以降になると、世阿弥の時代には見られなかった作風の謡曲が数多くつくられた。そこには時代の推移があらわれている。この大乱が長引いて京都が荒廃すると、公家たちは都を去って地方に移り住むようになった。それにともなって、風情のある趣に理解のある上流層の後援が減っていた。逆に地方興行が増え、秘めやかな「幽玄」よりもストレートに伝わりやすいスペクタクル性が求められていた。

中でも観世信光《かんぜのぶみつ》（一四三五―一五一六）の作品は、全体的にショー的な要素が濃厚で華やかな構成の演目が多い。『船弁慶《ふなべんけい》』や『紅葉狩《もみじがり》』『鐘巻《かねまき》』など、今日まで多く上演される数々の名作を残した。『鐘巻』は現行の演目『道成寺《どうじょうじ》』の原作に相当する。この方向性は息子の観世長俊《かんぜながとし》（一四八八―一五四一）に受け継がれ、さらに推し進められた。長俊はモチーフとなる物語をそのまま能楽に仕立てる手法を多用し、壮大なストーリー展開を得意とした。作品によっては、大きな作り物が舞台上に設置された。大人数が登場して行き来や動きも多く、衣装も華麗で見栄えのする舞台空間がつくり出された。

こういった演出方法は、リアルな舞台芸術をめざして独自性を打ち出そうとする果敢な試みでもあった。室町時代の後期は世相の移り変わりを反映して能楽が多様化し、先人たちの残した雛形を存分に応用できる最後の時代だった。

華やかさや多様性の部分については、歌舞伎《かぶき》や浄瑠璃といった江戸時代の文芸に受け継がれていった。現に歌舞伎は、初期の野郎《やろう》歌舞伎の頃からすでに能狂言の手法を取り入れていた。このことは歌舞伎の当事者にも意識され、歌舞伎から見た能狂言を「本行《ほんぎょう》」といい、能狂言から題材を得た作品群を「本行物」と称した。能楽の詞章をそのまま移して型を取り入れた所作を多用し、格調が高く重厚な作品が生み出されている。歌舞伎の時代が、すぐそこに迫っていた。

†宗祇の正風連歌

平安時代から鎌倉時代にかけて発達した和歌の歌論は、室町時代の連歌に受け継がれた。その連歌は上句（五七五）と下句（七七）との連続からなり、原則として二人以上で取り組む。創作と鑑賞とを相互に、しかも即興的にくり返しながら句を付け足し合っていくことで成立し、座の文芸ともいう。その上でなおかつ、ひとりの歌人によって完結する和歌の世界に近い境地を目指していた。

南北朝時代には、連歌初の撰集になった『菟玖波集《つくばしゆう》』を撰進した二条良基《にじようよしもと》（一三二〇―八八）が活躍した。彼が聖人と位置づけられるようになった頃が、和歌から連歌への分岐点とみなされている。良基からほぼ百年後に生まれた宗祇《そうぎ》（一四二一―一五〇二）は、室町後期の連歌の大成者として知られ、『新撰菟玖波集《しんせんつくばしゆう》』（明応四年、一四九五成立）を撰進したことでも名高い。この「新撰」にも本家の『菟玖波集』に対する「新」選集としての自負が感じられる。宗祇が『新古今集』を重んじていたことから、なおさらそのように思われる。

宗祇は『新古今集』以降の「余情」に富む歌集を参考にしながら「幽玄」や「有心《うしん》」を追求

した。「有心」とは奥深い心をあらわし、藤原定家の歌論でも「幽玄」とともに重んじられていた。定家の『毎月抄《まいげつしょう》』（承久元年、一二一九成立）には和歌の「もとの姿」として、「幽玄様」や「有心体」が示されている。定家は「いづれも有心体にす（過）ぎて歌の本意と存ずる姿は侍らず」と述べ、歌心の「本意」では「有心体」以上のものはないと評している。

宗祇の連歌論にも「幽玄」や「有心」が出てくる。『長六文《ちょうろくぶみ》』（文正元年、一四六六執筆）によると、連歌は「幽玄に長高《たけたか》く有心なる」ことを連歌の「本意」と心がけるべきだとある。「長高く」とは、格調が高く壮大な趣をあらわしている。この点については、問答体形式の『吾妻問《あづまもん》答《どう》』（文明二年、一四七〇成立）にくわしい。まず質問者が「本とすべき句の体」を尋ねる。連歌には「本」つまり基本となる句の「（風）体」があるのかと問われ、宗祇は「長《たけ》高くして、幽玄有心なる体」が大切だと答えている。

右の連歌論が書かれた頃から、京都は応仁の乱の戦渦に巻き込まれていた。終結したのちに書かれた『老《おい》のすさみ』（文明十一年、一四七九成立）の末尾付近には「正風」「正道」「正理」「正路」など、「正」のつく言葉が散見している。「連歌正風」といった表現も見られる。連歌を「ただ（正）す」べきことも語られている。宗祇はつねに「正」を論じたわけではなかったが、一連の「正」を代表させて「正風《しょうふう》」連歌と呼び習わすようになったのだろう。

これは世阿弥の『風姿花伝』などに説かれていた「風体」論の一環でもあった。理想の「風体」が「正」の字を冠して「正風」と表現され、連歌をへて俳諧の用語にも使われている。「本意」や「本歌」などの「本」と同じく、本来あるべき理想が「正」の字を介して模索されていた。

『万葉集』や『古今集』よりも後年の『新古今集』を重んじた宗祇は、「余情」や「幽玄」の美を本来あるべき「正」とみなした。当人にとって詠歌の原点になる「正」の姿であれば、かならずしも最古の作品でなくともよかった。その選び取り方にも歌人としての立ち位置や主義主張があり、「正」のあり方をめぐる各自の個性が表出していた。他方「本」を重んじてきた従来の立場と同じく、宗祇の歌論もまた「新」なる詠歌を目指していたわけではなかった。

現代人の目から見た「正風」は、どうしても現代語の「正」に引き寄せて理解されやすい。とりわけ「本」よりも「正」のほうが、本来あるべき姿といった意味をイメージしにくい。そのため何らかの正しい連歌を主張したと解釈されていたようにも思えてくる。しかし宗祇の「正風」では、定家に代表される「幽玄」や「有心」を理想視していた。具体的な理想像が、過去に見出されていたのである。

過去のどこかに理想を求める「正」の思想のもとでは、日々の進歩によって「正風」が更新されていくとは認識されていなかった。そういう解釈が文芸の世界に持ち込まれたのは、明治時代になってからのことだった。時代の移り変わりにともなって、より「正しい」詠歌が生み出され、それがより「新しい」と理解されるようになった。そうなると古代・中世の「正風」が誤解されるリスクも、高まっていたのである。

3　古語と現代語

†欧文の国語大辞典

「本」や「正」あるいは「新」の推移を調べるなら、著名人の残した書き物を集めるほかに、各時代に編纂された辞書を引く方法もある。特定の思想的な傾向や職務上の立場などに左右されにくい、比較的スタンダードな語釈が書かれている。江戸時代の日本語の変化を跡づけるためには、その前後の時期にまとめられた辞書を引きくらべてみればよい。

江戸時代よりも前の日本語事情については、日本語・ポルトガル語対訳の『日葡辞書《にっぽじしょ》』が参考になる。江戸幕府が開かれた慶長八年（一六〇三）、まだ国内で宣教活動を進めていた日本イエズス会によって刊行された。翌年、補遺が出されている。すべてアルファベット活字で印刷された、当時としては異色の辞書だった。収録語彙は優に三万二千語を越え、口語から文章語まで幅広く採録されている。

試しに「徳政」を引くと、「債務と債権とを全面的に帳消しにすることであって、主君が日本の慣例によって行なうもの」と書かれている。簡潔にまとめられていて「日本の慣例」の中身までは具体化されていない。それでも大筋で、当時の国内での受け止め方のままに記述されている。実社会で徳政令が出され、かたや徳政一揆が発生していた頃からまだ日が浅く、その余韻を伝える解説になっている。

この辞書に収録された数ある「本」関連語彙のうち、高い理想が掲げられた言葉に「本心《ほんじん》」がある。仏教語に由来するとあり、続いて「ある人の生来の性根や思慮分別」と書かれている。すぐれた人間性のニュアンスが強く、そのことは「本心を失ふ」という短い例文に端的にあらわれている。例文に添えられた解説には「泥酔したりなどして、思慮分別を失う、あるいは、正体がなくなる」こととある。酔っぱらって、その人らしいまともな人間性が失われることをいい、失う前の健全な心身の状態が「本心」だという。

この解説には、現代語の「本心」に漂う秘めた内心といった後ろめたいニュアンスが含まれていない。それどころか、私たちの思い描く「本心」はむしろ酒に酔った勢いで口にされやすく、昔とは用法が逆のように思える。実際には意味が反転したのではなく、本来とか元来といったことを伝えていた「本」に、現在のような本当・本物といった意味が上塗りされた。そうして、もとの意味が埋もれてしまったケースといえる。

「本心」の類語といえる「本意」には、「自分の願望」と書かれている。これが「本意なし」のように否定形で書かれると、思い通りにならないことを包み隠さずに告げる強い表現になった。対する現代語の「不本意」は、自分の願いが叶わないにもかかわらず、秘めた本音を飲み込んでひたすら我慢するさまをあらわしている。希望とはかけ離れているが、立場上やむなしといった無念の思いがくすぶっている。古語の「本意なし」との間には、かなりの温度差が感じられる。これも本来の「意」から本当の「意」に移り変わったことによる語義変化だった。

この辞書に収められた「正《しょう》」関連の語彙もまた、最初の状態を理想とする価値観が反映されている。初期状態にあることをいう「正」が、一定の割合を占めている。筆写本のもとになる書物の「正本」が「原本」の意と書かれ、「正理」が「本来の正しい道理」と説明され、本来あるべき姿が意識されている。

泥酔する前の健全な「本心」と似た言葉に「正体」があった。やはり失うとか、なくすといった感覚でとらえられている。『日葡辞書』に収録されている「正体ない事」の項目には「正体もなう酒を飲うだ」という例文があり、飲酒によって「正体」がなくなるさまを伝えている。飲み過ぎて、本来の人間性が損なわれることをいう。「正体をなくす」は現在も使われ、この慣用句には従来の用法が生きている。それでも「正体」だけを切り取って使うなら、酔って人目にさらした本当の「正体」が理解しやすい。

対する現代語の「正《せい》」は、しばしば正誤の次元で語られ、データ上の間違いのことが念頭に置かれている。あるいは「不正」の語から連想されるように、法律や社会道徳に即した「正」がイメージされている。その際の努力目標になっている「正」は、最初の状態とは直接関係がない。むしろ過去に実現していないことを今後の課題にして取り組む際には、昔の成果をふまえることはあっても、理想視される必要はない。

これら「本」や「正」が伝えていた本来あるべき真実とは、本来の姿と本当の姿が融合した状態だった。『日葡辞書』には、その点がシンプルに説明されている。まず漢字一字の「本」には、書物（稿本や写本）に関する説明に続いて「本来のもの、真実のもので、決定的なもの」と書き足されている。こうして「本来」と「真実（本当）」の両方が記載されている。「本」から派生した言葉でも、そこは変わらない。

ほんぼん　　本来の、あるいは、真実の。
ほんぼんの　　本来の正しい、あるいは、真実の。
ほんの　　本来の、あるいは、真実の。

さらには「本意」と似た「正意」も「物事の、本来の真実の意味」とある。例文の「正意に適うた」についても「本来の正しい意味に合っている」と解説されている。また「正身（かな）」についても「本来の真実な肉体、あるいは、本体」と出ていて、やはり「本来の」と「真実の」が一語の中に併記されている。本来の姿こそ正しいと主張するトーンが強まるにともなって、その真実味もおのずと強調されていた。

これとは別に、物事の純粋な真実味をあらわす言葉は古代の昔からあった。その代表格が、マコトと訓読される一群だった。漢字表記には「誠」のほかに「真」「実」「信」「諒」「寔」などが用いられていた（以下マコトと総称）。対義語には「虚」や「偽（いつわり・にせ）」などがあり、テーマごとに真偽や虚実が見極められていた。

対する「本」は「元」や「下」などとともにモトと訓読され、マコトとは明確に区別されていた。「虚」や「偽」などと組み合わされることはなく、よって古語の「本心」は偽りのない真実の心とは容易に結びつかなかった。「正」の字はモトと読まれなかったが、本来あるべき理想が掲げられていた点で、モトと同系列に数えられる。

だが江戸時代になると、モトとマコトを切り離して使うようになった。これが現在に至る推移の基本線である。それにともなって真実味だけを伝える「本」が登場し、新語の「ほんとう（本当）」や「ほんま（本間・本真）」などが普及していった。最初から存在したかどうかを抜きにして、物事の価値や真実味が見極められる機会が増えていったのである。

やがてマコトと組み合わされた「本」は、虚実（嘘か本当か）や正誤（正しいか間違いか）によって理解されるようになった。「誠でござるか」の時代から、「本当ですか」の時代に移り変わっていった。この動きによって本来あるべき理想の「本」は印象を薄め、そのまま今日に至っている。

†アラタシとアザラシ

国語辞典で「新しい」を引くと、「その状態になってからあまり時間が経過していない」（『デジタル大辞泉《だいじせん》』）ことと説明されている。そこから「初めてである」ことが導かれ、さらに「進歩的である」「新鮮である」とも補足されている。「新鮮」については、以下のように書かれている。

（一）魚・肉・野菜などが、新しくて生き生きとしていること。また、そのさま。「新鮮なくだもの」
（二）汚れがなく、澄みきっていること。また、そのさま。「山の新鮮な空気を吸う」
（三）物事に今までにない新しさが感じられるさま。「新鮮な感覚の絵」

私たちが普段、新製品や新情報に接して感じていることを文字に起こせば、だいたいこういう内容になる。これに派生語として、「新鮮さ」と「新鮮味」を追加してある。未来の「古」といえる今後の劣化や腐敗が意識されていてこそ、今の新鮮味を実感できる。

つぎに古語辞典で「新し」を引くと、元来はアタラシでなくアラタシと読まれていたことが補足されている。その点については、現代語の「新たに」からも類推できる。『日葡辞書』には「新た」関連の三語があり、そこにも現代語の「新しい」とは違うことが書かれている。

新《あら》たな　新しい、または、新しくした（もの）。また、明白で、よく知られた（こと）。
新たに　副詞。新しく。また、明白に。
新たさ　明白であること。また、新しいこと。

ポルトガル原語からの日本語訳が「新しい」になっているため、現代語と大差ないようにも読める。それでも「明白」さや「よく知られた」点も強調され、現代語との落差は大きい。登場して間もない頃の新鮮味とは、まだ広く知られていないことに通じるからである。「古」や「旧」との対比から考えると、『日葡辞書』にある「新た」の明白さは、今まさに目の前にあるのも同然の明白さでもあった。

古語のアラタ（新）シについては、語源的にアラタ（改）ムと同一とみなされている。現在でも「新年」のことを「年が改まる」ともいい、そこにも「新《あらた》」と「改《あらた》」の互換性が感じられる。『日葡辞書』に収録された右の三語の直前には、訓読みの「改」に始まる以下の三語が並び、ここでも「新」と「改」の近さがよくわかる。

改まる　新しくなる、あるいは、様が変わる。
改め　様を変えること。また、取調べ、あるいは、訊問。
改むる　新しくする、あるいは、様を変える。例「行儀を改むる」素行を改めて良くする、または、生活態度を正しくする。

これらに共通するのは何らかの変化であり、変化をへて今に至り、ときには明白になるケースも含まれる。「改め」の項目に説明されている「取調べ」や「訊（尋）問」については、おそらく宗門改《しゅうもんあらため》あたりが念頭に置かれている。どこの宗派に属しているのか、キリシタンではないのか。そこを尋問して身の潔白を証明させるのは、明白にすることだった。「改むる」に載せられた例文の「行儀を改むる」のところには、素行を改めて良くすると書かれている。日頃の生活態度の改善だが、継承発展されていく現代的な学術レベルの改善・改良と同一ではない。むしろ当時は、最初に想定された理想の人間像に立ち帰るよう努めることが「改める」際の目標に掲げられていた。現在でも「気持ちが改まる」といえば、心構えの仕切り直しやリセットをさし、初心に帰ることに近い。初心とは本来あるべき心であり、「気持ちが改まる」場合もそこが理想に掲げられている。

また『日葡辞書』では、「珍しい」が「目新しくて快い」ものと書かれている。「珍《めずら》かな」もあり、そちらは「珍しい」と同義だと前置きした上で「快くて、目新しい（もの）、または、稀な（もの）」と出ている。「快く」とあるから、滅多に見られないものが好意的に受け止められている。現代語の「珍しい」に含まれる珍妙さではなく、現代語の「新鮮」にもっとも近い語彙のひとつだった。

総じて現代語の「新」は、新鮮味を抜きにして語れない。それにくらべると、当時の「新」にはその意識が薄く、訓で読む「新し」も同様だった。今後の推移がイメージされていなければ、そうならざるをえない。むしろ従来は「新鮮」の「新」ではなく、「鮮」の字によって新鮮味が伝えられていた。

訓読みの「鮮」には二つの読み方があり、ひとつは今と同じアザヤカだった。古語の「鮮やかなり」は明白で目立つさまをあらわし、そこは古語の「新し」に通じる部分が感じられる。もうひとつの訓読みがアザラカで、「鮮《あざ》らけし」や「鮮らかなり」などの語彙があり、こちらが魚や野菜などの鮮度を伝えていた。古語辞典では、しばしば紀貫之の『土佐日記』にある承平五年（九三五）二月八日の一節が引かれている。ある人が新鮮な物（鮮魚）を持って来た場面を、貫之は「ある人、あざらかなるもの持て来たり」と表現している。続く一節には「米《よね》してかへ（返）りごとす」と書かれ、米で返礼をしたとある。

平安末期にまとめられた作者未詳の『今昔物語集』巻十二の二十七話「魚化成法花経語（魚《うお》化《か》して法花経《ほけきよう》となりたる語《こと》）」にも一例がある。物語は元明天皇（六六一―七二一）の時代の話で、大和国《やまとのくに》（奈良県）の吉野山に山寺があり、ひとりの僧がいた。あるとき病気になり、治すなら肉食に勝る方法はないと聞き知った。殺生の戒めのため弟子に内密で相談し、弟子はすぐさま童子に紀伊国《きいのくに》（和歌山県）の海辺まで行って魚を買ってくるよう命じた。指示された場所に出かけた童子は、新鮮なナヨシ（鯔《ぼら》の幼魚）を八匹買い求めた。その魚が「鮮《あざらか》ナル」ナヨシと書かれている。

物語の続きでは、帰り道で顔見知りの男三人にバッタリ出会う。容器の中の魚を知られると困るため、童子は法華経だと言い張った。見せるよう迫られてフタを取ると、なぜか法華経に変わっていた。僧侶のもとに持ち帰ると、またナヨシにもどっていた。尾行してその事実を知った男は、不思議な霊験に感じ入って仏道に帰依する。

右のような例が現代語「新鮮」につながる第一歩であり、古語の「新」にはその要素が乏しかった。やがて江戸時代に「新」が変化して字義的に「鮮」に近づき、両者が組み合わされて江戸時代語の「新鮮」が成立したと考えられる（後述、第三章第2節）。これもまた、「新」の語に生じた変化の一側面だった。

明治時代をむかえると、安易にといえるほど自由自在に「新」を冠した造語が爆発的に増えている。他方そういう造語機能を持つ「新」一字の言葉は、『日葡辞書』に収録されていない。自在につけ外せる「新」が通用していなかった時代には、この漢字から始まる日本語の語彙が、まだかなり少なかった。

†新茶も新米も

世の中が日々進歩するさまは、右肩上がりの直線になぞらえやすい。対する古語の「新」には、「新年」「新春」「新月」といった円運動のような周期性を持つ言葉の一群があった。また「新茶」「新米」「新酒《しんしゅ》」のように、季節のサイクルに連動して製品化される産物もあった。これらの語彙は『日葡辞書』にも収録されている。

この辞書には「古茶《こちゃ》」「古米《こまい》（ふるごめ）」「古酒《こしゅ》」も出ている。また「一年を過ぎた古い種子」と説明されている「陳・古（ひね）」の字を使った「陳茶《ひねちゃ》」や「陳米《ひねごめ》」もある。これらは古い茶や米をあらわした。今や耳慣れない「陳」だが、現代語にも「陳腐」や「新陳代謝」などがある。前者は古臭いこと、後者は「新陳」つまり「新旧」の入れ替えをあらわしている。茶の場合、かつては今年の「新茶」が登場した時点で、昨年の茶が「古茶」に切り替わっていた。「古茶」になる直前までの、ほぼ丸一年は「新茶」であり続けた。もちろん旬の季節感は感じ取られていたが、フレッシュな時期だけが「新茶」ではなかった。類語の「走り茶」は新芽で製した新茶の意で、こちらが現在の新茶の感覚に近い。従来は「新」以外の言葉で、茶の新鮮味が表現されていた。

旬の茶については、俳諧の季語に示されている。江戸初期に俳人の野々口立圃《ののぐちりゆうほ》（一五九五―一六六九）がまとめた俳論書の『はなひ（花火）草』（寛永十三年、一六三六刊）では、旧暦の「三月」に「茶つ（摘）み」、「四月」に「新茶」が出ている。一方、俳人の松江重頼《まつえしげより》（一六〇二―八〇）の俳論書『毛吹草《けふきぐさ》』（正保二年、一六四五刊）巻二「俳諧四季之詞」では「三月」のところに「新茶」がある。

『毛吹草』では「新茶」のあとに二行書きの割注があり、関連する言葉として「古茶」「聞《きき》茶《ちゃ》」「手始《てはじめ》」「茶つ（摘）む」の四語が補われている。最初の「古茶」も同じ月の季語で、「新茶」の登場と同時に、昨年からの「新茶」が「古茶」に変わることを端的に示している。いわば「三月」は、「古茶」のシーズン入りでもあるのだった。三番目の「手始」とは、その年の新茶の芽をはじめて摘むことで、四番目の「茶つむ」とともに茶摘みをあらわした。ちなみに雑節《ざつせつ》（二十四節気《にじゆうしせつき》以外の節目の日）の「八十八夜」は江戸前期の暦に登場した言葉で、右の俳論書にはまだ季語として採録されていない。

割注の二番目にある「聞茶（利茶《ききちや》）」は、酒における利き酒《きざけ》（聞き酒）に相当し、「嗅茶《かぎちや》」ともいう。聞茶のもとになった中世社会の遊興の「闘茶《とうちや》」では、国産茶の本家となった京都の栂尾《とがのお》茶《ちや》を「本茶」に定め、それ以外の「非茶」を混ぜた中から「本茶」を飲み当てる趣向だった。新茶が出る旬の時期がもっとも風味豊かなので、当てる行為も含めて品評に適していたと思われる。製茶業の発達にともなって「本茶」の銘柄も広げられ、あとから加えられた宇治茶が後世のトップ・ブランドに育っている。

米の場合も茶と同じで、当時の「新米」は事実上、翌年の米が出荷されるまで一年間「新米」であり続けた。『日葡辞書』には「陳米・古米（ひねごめ）」が「古米（ふるごめ）に同じ。一年、または、二年たった古い米」と説明されている。だから一年以内なら「新米」でよかった。その点、今なら「新米」の名で売り出せるのは出荷時の秋口からせいぜい二、三か月程度に限られる。商業ベースでは、年を越したらもう「新米」扱いにできない。

そもそも中世社会では、今年収穫された「新米」よりも昨年以前にとれた「古米」のほうが重宝され、値段も高かった（清水克行『大飢饉、室町社会を襲う!』二〇〇八年）。水分が少ない古米は水を吸収しやすいため、同じ分量で米を炊いた場合、新米よりも量が増える。仮に二割ほど増えれば、そのぶん腹に溜まりやすく、値段も二割ほど高くなった。現在でも東南アジアには、新米より古米が高価な国がある。

今ほど食糧供給が安定していない時代にあっては、鮮度よりも分量が重んじられていた。あえて中世的な感覚を想像してみるなら、「新米」は新鮮で瑞々しい米ではなく、水っぽくて食べる部分が少ないと思われていたのかもしれない。こういう受け止め方のもとでは、すぐれて価値の高い食材とは認識されにくかった。

†工夫と発明

総じて中世語の「新」は、今の姿や状態をあらわした。その際には、しばしば「古」や「旧」あるいは「本」などが示す過去と対比されていた。今後への意識は薄く、日々の改善による学術の進歩や生活水準の向上といった展望も思い描かれていなかった。それが江戸時代になると、実社会で学術や諸産業などが発達し、それに後押しされて語義変化が生じた。改善や進歩の先に訪れる近未来がおぼろげに思い描かれ、今後の展開を視野に入れた現代語的な「新」が徐々に形成されたと考えられる。

学術や産業などの発達をもたらす「工夫」や「発明」も、江戸時代以降に未来が意識されるようになった。元来は現時点での思考のはたらきや知性の程度を意味し、動詞としては考えたり悟ったりすることをあらわした。個人的な能力や努力を評する言葉だったのである。のちには、その水準が人から人へと継承されながら向上し、得られた成果の側に意味がシフトしていった。その末に行き着いた現代語の「工夫」や「発明」には、しばしば今後の改善や飛躍が期待されている。語義変化の時期については、「発明」よりも「工夫」が早かった。

「工夫」の起源は古代中国にさかのぼり、元来は労働のことをあらわしていた。現在の国語辞典では、コウフと読ませる「工夫」が「工事に従事する人夫」などと説明され、原義の名残になっている。もとの中国語では「功夫」とも書き、こちらは中国拳法のクンフー（カンフー）に行き着いた。格闘技や武術もまた、体を鍛錬しながら取り組む。それが思考の意に転じたのは、仏教思想の影響だった。

仏教語の「工夫」は、仏道修行に精進することを意味した。とくに禅宗で多用され、日本では鎌倉時代に禅宗が盛んになるにつれて広まった。京都に天竜寺を建立した夢窓疎石《むそうそせき》（一二七五―一三五一）の『夢中問答《むちゅうもんどう》集』にも、普段から心がけるべき「工夫」が語られている。この問答集は、足利尊氏の弟だった直義《ただよし》（一三〇六―五二）の質問に答える形式でまとめられた。江戸時代の活字本（正保四年、一六四七刊）が、諸本の中でもっとも流布した。「工夫」について書かれた一節によると、中国の俗語ではあらゆる所作や仕事につながる。田畑の耕作は農家の「工夫」で、建築は大工の「工夫」に相当し、仏道修行も「工夫」と称されるようになったとある。

その「工夫」を重んじた禅の修行法はしだいに姿を変え、ひたすら座禅に専念する禅から公《こう》案禅《あんぜん》に移行した。公案とは修行に参加する人たちに考えさせる課題のことで、祖師や高僧の言葉などから教えの根本に触れるものが選ばれた。場合によっては、即興でつくられることもあった。いわば禅問答のテキストのことで、公案禅は宋代に入ってから確立され、公案にもとづく修養も「工夫」とみなされた。

『夢中問答集』にも、公案による「工夫」の意義が説かれている。真の修行は日々の暮らしとの分け隔てがなく、日常のあらゆることが修行につながるとある。このような禅語の「工夫」は、修行よりも思索にウエートがあった。今の国語辞典にも、昔の意味として「禅宗で、公案について考え抜くこと」などと書かれている。

禅語の「工夫」が国内に受け入れられると、禅の精神と密接なつながりのあった芸道の世界でも流用されていった。世阿弥の『風姿花伝』には「工夫」を心得るべきことがくり返されている。「公案」も思索の意味で用いられ、深く思いめぐらすことをいう独自の動詞表現の「公案す」もある。この推移をへて熟考や熟慮をあらわす「工夫」が主流になった。『日葡辞書』には「考究すること。例「工夫する」。熟慮思案する。または、考究すること」と解説されている。

対する「発明」は、『日葡辞書』に「智恵の明らかなこと」「明白で鋭敏な判断力」などとある。

る。短い用例といえる「発明な人」には、学問や知識などにすぐれた人と説明されている。実際には「鋭敏な判断力」も大きく意識され、その典型が頓智話で名高い一休さんだった。逸話のモデルになった一休宗純《いっきゅうそうじゅん》（一三九四―一四八一）は、室町時代の臨済宗大徳寺派の僧だった。小僧時代の彼の逸話は、おもに江戸時代になってから創作され、あれこれと尾ひれがついた。

仮名草紙の『一休咄』（寛文八年、一六六八刊）の第一話には、彼が幼い頃から「利根《りこん》（利発）発明」だったと書かれている。続く一節によると、師匠の養叟宗頤《ようそうそうい》（一三七六―一四五八）の檀家に賢い人がいた。一休の「発明なる」性分を気に入り、たびたび謎かけのようなことを持ちかけては楽しんでいたとある。このあとに並ぶ四つのエピソードのひとつが、例の「このはしわたるべからず」だった。

賢明さをあらわす「発明なり」のほかに動詞の「発明す」もあり、一休頓智話のように何らかの答えを即座に導き出す能力のことをいう。いわば閃いたり、悟ったりすることにも通じていた。現に「発明す」は、もともと仏教的な意味で悟ることをいい、さまざまな思想や芸術の理想とする境地に開眼することもあらわした。そこから転じて現代語の意味に推移したのは、江戸時代から明治時代にかけてのことだった。

†一番乗りの武士

世の中の進歩という視点から歴史的な変遷が語られるとき、「先駆（者）」も重要なキーワードに含まれる。今の感覚では、発明家や発見者なども含めた広義の開拓者（パイオニア）のことをいう。この言葉も「新」の推移と同じく、過去や現在だけでなく未来を意識する比重を増やしながら、語義変化を遂げている。とりわけ明治以降、学術の歩みが「先駆」によって語られるケースが増えるにともない、現代語に接近しているように思われる。対するもとの意味は、武家社会と関連が深かった。

『日葡辞書』に「先駆《せんく》」はなく、かわりに類語の「前駆《ぜんく》」が出ている。古語辞典でも、「先駆」を引くと「前駆」を参照するよう指示していることが多い。また古語辞典で「さき」を引くと、漢字表記の例に「先」と「前」が併記してある。青森県の弘前市《ひろさきし》のように、訓読みでも「前」をサキと読ませたケースがある。「先」と「前」は意味の上でも重なる部分が大きく、音読みもセンとゼンで似かよっているため、古くから相互に乗り入れがあった。『御成敗式目』の「先例」は「前例」でもあった。

『日葡辞書』に収録された「前駆《ぜんぐ》」によると、もとの意味は王侯貴族らの先頭を行く人のことだった。比喩的に使えば、さまざまな一団を先導する案内人になるとある。サキガケ（魁）と訓読する「先駆」もあり、こちらは「先に立って、攻め込んだり、突進したりすること」と出ている。サキヂンと読む「先陣」は「前衛、すなわち、先頭に立って行く部隊」と説明され、ここでも合戦が想定されている。

その「先陣」から連想されるのが『平家物語』巻九の「宇治川先陣《うじがわせんじん》」で名高い、宇治川の合戦のエピソードである。この場面では、佐々木高綱《ささきたかつな》（?―一二一四）がライバルの梶原景季《かじわらかげすえ》（一一六二―一二〇〇）より先に川を横切って対岸にたどり着く。ただちに「先陣」の名乗りを上げ、一団の士気を高めていた。ここでは隊列の先頭といったポジションの話よりもむしろ、時間の後先が意識されている。目的地に最初に到着した人の意である。

過去か未来かでいえば、当時の「先陣」や「先駆《さきがけ》」には過去が意識されている。具体的には、自分よりも先に到達した者がいないという事実であり、それが一番手と認定される条件になっている。逆に自分以降の未来には、価値が見出されていない。「宇治川先陣」で二番手になった梶原景季は、ただの引き立て役に過ぎなかった。

対する現代語の「先駆《せんく》」には、未来も視野に入っている。自分の成し遂げたことが後世に受け継がれ、将来的な展望が見越せる段階になって初めて、その道のパイオニアと認定される。その場合の「先駆」は発端や起源の意であり、「先駆者」なら本家や元祖といった人物像になる。つまり現代語の「先駆者」は過去だけでなく未来への意識も上乗せされ、一番乗りであるとともに起源にもなっている。こうして過去から未来まで見渡す視点は、進歩の思想や学術の継続的な発展を実際に経験してこそ成り立つように思われる。

未来像が希薄な古語の「先駆《さきがけ》」は、物事の起源をあらわすのに適さなかった。この一語に限らず、従来は一番乗りなら一番乗り、起源なら起源をあらわす言葉が使用されていた。一番乗りに関しては、『日葡辞書』に採録されていた「先陣」など前掲の語彙が代表的なものだった。起源については「源」「根」「端」などもさることながら、「本主」や「本家」などの「本」こそ代表格だった。だから「本」の場合、一番乗りによって「本」の座に至るまでの前史の部分は、発想されていなかった。

しだいに今後が意識されるようになった言葉の例を探してみれば、ほかにもいろいろと見つかるのだろう。いずれも未来への意識が、あとから芽生えた点に共通性があった。予想通り順調に実現するかどうかはともかく、今後の見通しが成り立つと意識されるようになってきたこと自体が重要な変化だった。

第二章
継承発展の道筋
——近世前期の「新」

宮崎安貞『農業全書』に見る元禄期の農業（国立国会図書館所蔵）

1　ベストセラーの新編

†『実語教』と『童子教』

旧来の「本」や「正」の価値が薄れた江戸時代は、一方で「新」の価値が高まった時代でもあった。その変化をうながした第一の要因に想定できるのが、学術や産業の興隆だった。早いサイクルで発達して技術水準が向上し、情報の更新も頻度が増していった。その「新」製品や「新」情報が実社会に役立てられていくうちに、より発達した近未来の見通しが思い描かれた。過去を尊ぶ考え方とは逆のベクトルが、認知されていったのである。むろん、あらゆる分野でそうなると受け止められていたわけではなく、その点は現在も変わらない。だが全体的に見れば、近未来の「新」に期待を寄せる傾向が強まっていった。

平和な世の中が出現して学術が継続的に発達するよりも前に、その地ならしといえる動きが各方面に生じていた。主要なひとつが印刷文化の発達で、木版による版本《はんぽん》が年々量産された。江戸初期の頃は版元《はんもと》（出版社兼書店）が京都に集中し、書籍も仏典が大半を占めていた。そこからしだいにジャンルを広げ、往来物《おうらいもの》と総称される初等教育や教養関連の書籍が増えている。

『御成敗式目』も往来物の教材になり、武士以外の人たちにも読まれ、彼らの教養に加えられていった。版元も徐々に江戸が中心地になっていった。

とりわけ名高い往来物が、作者未詳の教訓書『実語教《じつごきょう》』と『童子教《どうじきょう》』だった。室町時代の段階で、二著を合本にして「実語教童子教」の名で写本化され、江戸時代には版本として刊行されていった。明治時代をむかえても、引き続き明治版『実語教童子教』が刊行されている。時代が移り変わっても、基本的な道徳まで大きく変化を迫られたわけではなかった。

往来物の題名の前には、しばしば「新」の字が冠されていた。学習の土台となる古典教材が「古」や「本」の部分に相当し、各版元は共通の土台の上に独自の「新」編集を加えた。旧漢字を新字に改め、振り仮名を補い、挿絵を入れて親しみやすくするなど、世間のニーズを見極めながら改良していた。どのような付加価値を与え、類書や先行書との差別化を図るか、そこが編集サイドの腕の見せ所だった。

題名に冠された「新」の表現は多様だった。その題名は、表紙の上に別紙で貼り付けた題簽《だいせん》に書かれた。原タイトルの上に、角書《つのがき》（小さな二行書きの文字）で「新編」「改正新編」などと冠したものが多い。新たな版本（板本）の意で、「新板」や「改板」なども称した。「新撰」「新刻」何々と書き入れることもあった。アラタ（新）シとアラタ（改）ムが同一語源なので、「改訂」「改正」といった角書も事実上「新編」のバリエーションに追加できる。

たとえば『実語教童子教』の題簽なら、「新板　実語教童子教」とか「新編　実語教童子教」などと書かれた。後世になると、文言を増やした例もあらわれた。書名の左右の空きスペースに「無点（訓点なし）新刻」「謬字改正（字の間違いを改めた）」などと配された例も見られる。欲張って謳い文句を盛りすぎ、全体が見づらくなった例さえある。

新たに編集し直された「新編」や「改正新編」の往来物の本文には、独特のレイアウトがほどこされていた。古典教材の原文を紙面の下に少し寄せ、上段に三分の一から四分の一ほどの増補部分をもうける。そこに関連情報を補うことが、よくあった。今でいう頭注のスペースをやや広くとって補ったもので、そこをセールスポイントにしたいときには書名に「頭書《とうしょ》」と掲げられた。この言葉は意外と今でも使われ、賞状の文面に記されている。「貴殿は頭書（最初に掲げられている金賞や銀賞など）の成績を収め」云々と出てくる。

おもに女子用の国語教科書として、『百人一首』をベースにしたものがあった。歌と歌人のイラストを大きく載せ、頭書に歌の情景を描いたイメージイラストや、歌心の解説を補った体裁もある。万葉の歌人や平安貴族の作品となると、さすがに江戸時代の人たちにとってもはるか遠い昔の古典になり、理解しづらくなっていた。江戸時代の人でさえ読めなくなっている事実は、古典全般に縁遠くなってきた私たちにとって共感しやすい。

こうして初等教育の領域では、つぎつぎに「新」テキストが生み出された。だからといって、後から出される教材ほど内容的に充実していくわけではなかった。出先や旅先で手軽に読めるようにした、「袖珍本《しゅうちんぼん》」と呼ばれる小さな判型のポケットタイプもある。エッセンスのみを詰め込んだ、薄い冊子タイプの往来物も考案された。そうして店先の品揃えが、一層バラエティ豊かになっていった。

往来物の書誌的な研究によると、『実語教童子教』の場合は総計で五百種以上も刊行されていた。江戸時代から明治時代の間に、毎年二冊近いペースで刊行されていた勘定になる。ここまで早いサイクルなら、ひとりの人間が一生涯のうちに何十回もの新刊を目撃できる。だから誰にでも、「新」の勢いを感じられたことだろう。

†『塵劫記』の新編

読み・書き・そろばんのうち、そろばんの本にも「新」タイプが多かった。今でも各地に専門の塾があるこの計算用具は、信長や秀吉の時代に貿易船を介する商取引の過程で中国から渡来した。『日葡辞書』にも解説が出ている。国内に伝わると、上段の五珠《ごだま》の数からそろばん珠の形状に至るまで、より簡便で扱いやすい形に改良されて現在の姿に近づいた。加減乗だけでなく、除つまり割り算にも活用でき、商売に限らず幅広い用途に使われていた。徳川家康(一五四二―一六一六)の時代をむかえる頃になると、マニュアル本の登場が待たれていた。

その需要に応えたのが、京都の吉田《よしだ》光由《みつよし》（一五九八―一六七二）によって書かれた『塵劫記《じんこうき》』（寛永四年、一六二七刊）だった。諸単位の解説や、そろばんによる運算の図解、さらには実用計算の例題に至るまで、まんべんなく取り上げられていた。その充実した内容によってたちまちヒットを記録し、海賊版まで出回っている。

本家の存在感を示すべく、光由は自身も新作の『塵劫記』を刊行した。それも一度や二度ではなく、少しずつ内容を補充しながら何冊も世に出し、みずから「新編」の語を冠した版もある。すでに原著者が存命でなかった『実語教童子教』の場合、江戸時代を通じて本編の内容は更新されず、その点は対照的だった。

光由による改訂版の刊行は、寛永六年（一六二九）頃、同八年、同十一年と続いている。そのたびごとに、彼は新しい趣向の遊戯的な問題を追加している。具体的にはねずみ算、薬師《やくし》算《ざん》、旅人算、油分け算、絹盗人算《きぬぬすびとざん》、百五減算《ひゃくごげんざん》などだった。現在ではむしろ、これらの表題付きの例題こそ『塵劫記』の代表的な問題と考えられている。脳トレの問題にも活用されているが、どれも寛永四年の初版には出ていなかった。

『塵劫記』ブームがきっかけになって、光由以外にもすぐれた書物をあらわす研究者も登場してきた。ライバルともいえる後進たちを意識して光由がまとめたのが、寛永十八年（一六四二）の『新編塵劫記』だった。本書は一連の原著者版『塵劫記』の集大成になった。内容的には高度で、もはや入門者向けではなくなっていた。二年後の寛永二十年（一六四三）に京都の版元がまとめた『新編塵劫記』が、後世の定番になっている。岩波文庫に収録されている『塵劫記』は、この寛永二十年版を底本《そこほん》にしている。

和算の歴史の初期に相当する右の展開もまた、「本」と「新」の関係になぞらえられる。まず「本」なる著作の『塵劫記』をまとめた光由自身が「新」を手がけてグレードを上げ、小刻みの「新」を実現していた。さらには光由亡き後も『新編塵劫記』は刊行され続けた。オリジナルの序文のあとに、実際の「新編」を手がけた名もない編集者が第二の序文を置くなどしていた。明治時代の半ば頃まで刊行され続け、合わせて四百種を超えることが知られている。ひとつの「本」に対して、複数の「新」が延々と続く展開だった。

『実語教童子教』の場合と同じく、江戸時代の本屋に「新編」の『塵劫記』が各種並ぶのは、読者にしてみれば悪い話ではなかった。似た本が多数ある状況は、おおむね歓迎されていた。現在、書店の学習参考書コーナーにある算数・数学関連の品揃えと重ね合わせてみると、イメージしやすい。新刊書として実質上わずかばかりの前進しかない「新編」でも、初等教育の底上げに果たした役割は大きかった。

関孝和《せきたかかず》（一六四二？—一七〇八）をはじめとする高名な和算家も、最初は『塵劫記』で基本事項から習得していた。必修ともいえるそろばんの稽古から入り、そのうち珠を弾《はじ》くだけでは対応できない高度な数学に高めていった。初等数学の素養の厚みがあってこそ、研究者レベルの和算家も誕生しやすい。しかも何人も出現してくれば、切磋琢磨による競合の道が開けて、ジャンル全体の層が厚みを増しやすくなっていた。

その意味でも、『塵劫記』を出発点にした理数系の研究領域は異色だった。最大の特色は、「新」なる取り組みが一世一代の個人芸で終わらない点にあった。数学的な基本事項を研究者同士が共有しながら人から人へ、先人から後進へと受け渡されていく。そうして継承発展していく姿が、「新」の語によって唱えられ続ける。それは絶え間のない「新」研究の姿であり、現代的な学術の発展モデルに近い。その実現に向けて『塵劫記』が踏み出した一歩は、決して小さくなかった。

†そろばんの達人とは

吉田光由自身が最終的にまとめた『新編塵劫記』は、江戸初期の寛永十八年に出版された。巻末元祖『塵劫記』に触発されて台頭したライバルたちを意識して書かれた、意欲作だった。巻末に十二の問題が置かれ、とくに後半のいくつかは当時の数学の水準からすると難問だった。光由自身が説得力のある解法を示せたかどうかさえ、定かではない。それでも腕に自信があるなら解いてみよと、彼は読者にうながした。ちょっとした公開挑戦状になっていた。

出題に先立ち、読者へのメッセージが用意されていた。光由によると、世の中には「算勘《さんかん》の達者《たつしゃ》」がいる。しかし、この「道」に入門した人でなければ、誰が「勘者《かんじや》」なのか見分けがつかない。ただ計算が早ければ名人とみなすのは、まったくの的外れだとある。数学的な思考力や発想力に長けた「勘者」を目指すべきことを、光由は説いた。なおかつ計算力の「算」もすぐれている人が「算勘の達者」だった。

ここでいう「達者」は、現代語の「達人」に近い。今日では「達者」といえば、何らかの学術や技芸に熟達していることをさしている。あるいは「お達者」的な使われ方もあり、こちらは体の丈夫さや健康などがイメージされている。「達人」とは明確に区別されているが、字義の上では「人」も「者」も大して変わらない。

光由のメッセージを裏返せば、計算が早くて正確なら「達者」だとする認識が、以前からあったことになる。現にそろばんが世の中に出回り始めた頃は、もっとも早く正確に計算できる人が「達者」ないし「達人」とみなされていた。そろばんが普及する以前から、暗算の「達人」もいた。狂言の作品には、室町時代の計算の水準が読み取れる例がある。

数ある『狂言記』の伝本のうち、室町時代の狂言を伝える大蔵虎明本《おおくらとらあきらぼん》（寛永十九年、一六四二書写の狂言台本）の一作に『賽《さい》の目《め》』がある。別名を『算勘聟《さんかんむこ》』といい、ある長者《ちようじや》（資産家）が一人娘の婿（聟）として暗算の達者な男を選ぼうとする。彼は「さんようさんかん（算用算勘）の達したる者」つまり「達者」を希望していた。花婿募集の高札を見てやってきた候補者に対して、「五百具《ぐ》（一具は二個）」あるサイコロの目の合計数を問うた。

サイコロ一個の目の合計数は二十一。これに五百と二をかけると、正解は二万一千になる。その計算を「そら（空・宙）にて」つまり、暗算で処理するよう念を押していた。つぎつぎに登場する候補者は、暗算で求めるようその場で告げられて当惑し、ある者はごまかそうとした。そろばんを貸してくれと注文する者もいて、いずれも娘の父に追い出された。そのやりとりが、狂言ならではの駆け引きやドタバタ劇に仕立てられている。それで笑いがとれたのだから、当時の常識感覚からすれば、この程度の暗算は朝飯前だったのだろう。

織豊期にそろばんが普及すると、暗算でカバーできない領域の計算にも活用されるようになった。それにともなって、第一の使い手が「達人」と称されるようになった。指先でそろばん珠を弾く速度には、物理的な上限がイメージされやすい。そのため心得のない人でも、ある種の到達点を思い描くことができた。これは一事が万事で、スキルとしての完成形や到達点を思い描ける領域に「達人」像が成り立つ。

歴史的に振り返った場合の「達人」像は、「道（ドウ・みち）」の考え方とも深いつながりがあった。何らかの「道」を極めた人と理解されていたのである。光由のメッセージでも、この「道」に入った人でないとわからない「算勘の達者」について語られていた。「芸」と「道」を組み合わせた「芸道」については、世阿弥の造語ともいう。能楽論書の『花鏡《かきょう》』（応永三十一年、一四二四成立）では、有名な「初心忘るべからず」の手前のところにある。すべての「芸道」には、習い学ぶことを積み重ねながら進む「道」があるはずだと世阿弥はいう。

そういう芸道の「達人」には、達成の多様性が認められていた。たとえば書道の「達筆」には、至高の筆遣いがただひとつ認定されていたわけではない。現に各時代を代表する書家も、三人ごとの「三筆」であったり「三蹟《さんせき》」であったりした。それが芸術家の個性になり、一代限りの芸にもつながった。

対する自然科学のように日進月歩の世界では、一線級の学者でも「達人」とは呼ばれない。仮に現役トップクラスの学者がいたとしても、遅かれ早かれ水準的には後継者に追い抜かれてしまう。あるいはひとりの「新」研究者に残された課題が、つぎの「新」研究者によって克服される。そういう将来の展望を見越したら、誰も「達人」を名乗れない。だから医学の「達人」は不自然に思えても、職人技といえる手術の「達人」なら成り立つ。人間業の極限といえるゴッドハンドである。両者の棲み分けについては、現在の私たちにもある程度共通の理解が得られている。

右の視点から、改めて『塵劫記』前後の展開を見渡すと、従来は暗算やそろばんの「達人」が存在した。計算が素晴らしく早く、些細なミスも犯さない人のことだった。ところが光由の

『新編塵劫記』が呼び水になり、のちの和算が形成されていくと状況が変わってきた。江戸時代の数学として独自の発展を遂げ、一代限りの個人芸ではなくなった。師匠から弟子へ、あるいは師弟関係のない後世の研究者たちによる絶え間ない継承発展が可能になった。芸道的に受け止められていた領域が、学術の世界に近づいたのである。

自分ひとりで完結しないことが明らかになれば、彼ら和算家たちを「達人」とは呼びにくくなる。それでは、何と称すればいいのか。和算の発達が自明になった江戸後期には、目指すべき「達人」像に対する新たな意見も聞かれるようになっている（後述、第三章第4節）。

†養生訓が説く衣食住

新鮮味をあらわす「鮮《あざ》らかなり」や「鮮らけし」は、上方《かみがた》に元禄文化が栄えた頃になっても普通に使われていた。「新し」もまた、従来と大差ない用法のままで通用していた。儒者の貝《かい》原益軒《ばらえきけん》（一六三〇―一七一四）がまとめたベストセラーの予防医学書『養生訓《ようじょうくん》』（正徳三年、一七一三成立）にも、いくつかの用例がある。

巻二（総論・下）には、健康を維持するための呼吸法が解説されている。益軒によると「腹中（体内）にある気」も、人間を取り巻く「天地の気」も同じ「気」だが、体内にあると「ふる（古）くけが（穢）る」。一方「天地の気」は「新（し）くして清し」なので、「外気」を鼻からたくさん吸い入れて、口から少しずつ吐くようにする。そうして「ふるくけがれたる気」を吐き出し、「新しき清き気」を吸い入れるべきだという。以下、この呼吸法を実践するときの姿勢や体勢などについて詳述している。

呼吸関連の「気」なので、吸ったり吐いたりする空気や酸素の話のようにも思える。しかし『養生訓』では、漢方の根底にある生命エネルギーをさしている。「腹中の気は臓腑にあり」とも述べられているように、肺だけでなく「臓腑（漢方でいう五臓六腑）」全体に取り入れる「気」なので、空気の話ではない。

その「気」について「新しき清き」と形容されている。これを一語で現代語訳したら「新鮮な」になる。まだこの言葉が通用していなかった頃の、説明的な「新しき清き」でもあった。同時に、その段階では「新しさ」とフレッシュさが一体ではなかったことを物語っている。その点については、対置されている「ふるくけがれたる気」の「古」に「穢れ」が添えられているのと似ている。こちらは「古し」だけだと汚《よご》れの要素が足りないため、別に補ってある。すると当時の「古し」は、古びて劣化したこととイコールではなかったのだろう。

この言語感覚は、別の箇所にもあらわれている。巻三（飲食・上）には「脾胃《ひい》（胃腸）」が弱っているときに実践すべき食生活が詳細に説明されている。胃腸が好む食べ物と嫌う食べ物、と益軒は表現している。胃腸が好む食べ物とは温かいもの、柔らかいもの、よく熟したもの等々であると、全十項目以上並べてある。その中に「きよき物、新しき物、香よき物」と出ている。新鮮な食材や出来立ての料理の諸条件に含めてある「新しき物」は、もろもろの要素の一部でしかない。単に古くなっていないもののことで、そこだけが意識されている。

同じ巻三には生魚の調理法を述べた箇所があり、そこに「あざらけし」が出ている。「生魚あざ（鮮）らけき」ものに少し塩を振り、一日か二日ほど日干しにしてから少し炙る。それを薄切りにして、酒に浸してから食べるとある。最初に「生魚」の「あざらけき」ものと書かれている。今でいえば鮮魚だが、それを「新鮮」と表現していないだけでなく、「新しき」魚にもなっていない。それが益軒の頃の「新し」だった。

巻四「飲食・下」には「諸《もろもろ》の食物、陽気の生理ある、新《あたらし》きを食ふべし」とある。一見すると、食材の新鮮味を「新き」と表現しているようにも受け取られる。しかし、このあとに「日久しく歴《へ》たる、陰気鬱滞《うったい》せる物、食ふべからず」と続く。つまり生鮮品も含めたすべての「食物」は、日にちが経過するほど「陽気」から「陰気」に変化する。それにともなって「毒」が増し、そのことについては『論語』の郷党編《きょうとうへん》に書かれていると述べられている。すると右の「新し」は、古くはないことを伝える従来の用法と考えられる。

巻四には「飲茶」の条もあり、近年は朝から晩までお茶を飲む人が多いとある。健康を維持するために益軒は抹茶よりも煎茶を勧め、空腹時には飲まないことなどを書き足している。また、病人や体が弱い人は「当年の新茶」を飲んではならないとある。視力をはじめとするトラブルが生じるため、翌年の「正月」から飲むよう勧めている。ただし「当年九十月」から飲んでも無害の人もいると書き添え、個人差も指摘している。益軒のいう「当年の新茶」からすると、翌年の「新茶」もあり、やはり従来通り出荷されてから丸一年間は「新茶」で通すことができる伝統的な表現になっている。

総じて『養生訓』の「新」は「古」との対比で語られ、過去に対する現在の意で使用されている。現状を伝える「新」には、未来の展望まで意識されていない。「新編」の往来物が切れ目なく刊行される時代になっても、現代語的な「新」が一足飛びに形成されるわけではなかった。

2 元禄歌舞伎

†遊里から出た言葉

古代・中世の「本」は、しばしば最初から存在する真実のことも意味した。その場合には、モトとマコトの分離が明確でなかった。未分化だから未開だったのではなく、一体化していることに特有の価値が見出されていた。対する江戸時代語「本」の展開は、両者の分離に基調があった。分かれることによって、一体化の中に見出されていた価値がしだいに低下していった。この推移は大筋で「正」にもあてはまる。

仏教的な「本」に代表される、最初の理想像が薄れていった事実については、いくつかの理由が考えられる。その第一は、江戸文化に先立って開花した安土桃山文化の全般的な傾向である。織田信長に象徴される新興の武家の政治力や、大商人たちの経済力を反映した仏教色の少ない現世的な文化とみなされている。その影響下で、仏教的な来世の冥福よりも現世での幸福を願う人たちが増えていった。

ひとつ象徴的なのは、鐘の役割の変化だった。もともと鐘といえば、寺院の梵鐘《ぼんしょう》のイメージだった。『平家物語』の冒頭にある「祇園精舎《ぎおんしょうじゃ》の鐘の声」の世界である。ところが戦国時代あたりになると、使い方が変わってきた。陣太鼓や陣鐘《じんがね》など、合戦の合図や危急を告げる知らせの役割が増した。江戸時代になると鋳物師《いものし》が増え、銅の量産にともなって鐘が増産され、地方の村にも梵鐘や半鐘《はんしょう》が置かれるようになった。それらは時刻を知らせる鐘だった。人間界と冥界を取り結ぶよりも、人間同士が交信するための用途が主流になっていったのである（笹本正治『中世の音・近世の音――鐘の音の結ぶ世界』一九九〇年）。

現世的な価値観が主流になってくるにともない、理念上の「本」と「末」の立場よりも、実社会の「本」と「新」の関係が問われる機会が増えている。こういう移り変わりも原初の「本」を弱める方向に作用し、「新」の側に意識が傾く下地となった。それは過去よりも今を重んじる意識の高まりでもあった。

　戦乱の世が終息して落ち着いた江戸社会が到来すると、京都・大坂・江戸の三都を中心にして遊里が栄えはじめた。すでに寛永年間（一六二四―四四）には、その内幕を紹介した書物が相次いで刊行されている。作者よりも記者の視点から業界に潜入して取材し、客層や接客の心得などについて、実在する遊女から直接聞き取る取材形式も増えた。一連の作品群のことを遊女評判記といい、客と遊女の会話が当時の口語や俗語で再現されている。

　遊女たちはしばしば、癖のある遊里言葉を口にしていた。地方から出てきた娘のお国訛りを隠すため、意図的につくり出されたとする風説もよく知られていた（寛閑楼佳孝《かんかろうよしたか》撰『北里見聞録《ほくりけんもんろく》』「里訛りの事」ほか）。やがて彼女たちは、最先端を行くファッションリーダー的な存在として、大いにもてはやされた。すると苦肉の策から生み出された業界用語が一転して流行語に浮上し、社会的に広く受け入れられるようになった。

　数ある遊里言葉のひとつに、強調をあらわす副詞の「本（ほん）に」があった。「まことに」や「げ（実）に」などに続くマコトの新語で、元禄期の頃に京都の遊里から発信されていた。『好色由来揃《こうしょくゆらいぞろえ》』（元禄五年、一六九二刊）巻三に収められた「女郎之語（遊女言葉）」に「本に」があり、「誠にといふ心なるべし」と解説されている。近松門左衛門（一六五三―一七二四）の浄瑠璃作品『冥途《めいど》の飛脚《ひきやく》』（正徳元年、一七一一初演）にも、用例がある。本作は飛脚問屋の亀屋へ養子に出されていた忠兵衛《ちゆうべえ》と、新町の遊女の梅川《うめがわ》を中心に展開し、梅川が「ほんに」を口にしている。

この「ほんに」は、物事の真実味だけを伝える「本」のうち初期の用例に属している。現在頻繁に口にされている「ほんとに」や関西の「ほんまに」も、もとをたどれば「ほんに」の余波で生み出された。江戸時代のうちに名詞化し、「ほんとう（ほんたう）」や「ほんま」が普及している。漢字表記が「本当」「本真」で定着するのは、明治時代以降だった。

マコトと同化した「本」の源流ともいえる「ほんに」が遊里界隈から生み出されたのは、理由があったと考えられる。そこが虚と実すなわち、日常と非日常がないまぜになった恋の駆け引きの舞台だったからなのだろう。虚実が入り混じった業界といえる遊里ならではの言語環境があり、やがて「ほんに」が好んで口にされ、元禄期には遊女の枠を超えて日常語化した。対する「まことに」は、少々改まった言葉遣いや書き言葉として生き残った。こうして「ほんに」との棲み分けが、しだいに鮮明になっていった。

他方で「本意」や「本心」などが現代語の意味に変化するには、さらに時間がかかった。『冥途の飛脚』に出ている「本意」も、従来の用法のままになっている。飛脚問屋の跡継ぎだった忠兵衛は梅川に熱を上げ、配送すべき客の預かり金に手を出した。そのことを知って梅川は戸惑いながらも「忠様と本意を遂げ」たいと願った。つまり結婚の願望を「本意」であらわし、『伊勢物語』の「井筒」にあった用例と変わっていない。本作が書かれた元禄期の頃は、「本心」もまだ従来の意味で使われていた。既成の語彙の語義変化を受け入れることは、新語を受け入れるよりも一般的にハードルが高かった。

†本間とホンマ

元禄期は、江戸時代の歌舞伎がひと通り確立された時期だった。上方の坂田藤十郎《さかたとうじゅうろう》（一六四七—一七〇九）や芳沢《よしざわ》あやめ（一六七三—一七二九）、江戸の市川団十郎《いちかわだんじゅうろう》（一六六〇—一七〇四）や中村《なかむら》七三郎《しちさぶろう》（一六六二—一七〇八）といった名優たちが、続々と世に送り出されている。芝居の所作の分化も進み、「荒事《あらごと》」や「和事《わごと》」などの術語も出そろってきた。何々「事」とは、役回りを基準にした何々「役」や何々「方」と少し違って、演技のタイプにもとづく分け方でもあった。

同じ元禄歌舞伎でも、上方歌舞伎は当世風の流行や風俗を舞台化する世話物《せわもの》に力を入れていた。坂田藤十郎に代表される「和事」は「傾城《けいせい》（遊女）事《ごと》」ともいい、恋愛感情の仕草を表現する芸でもあった。和事や荒事ほどドラマ性のない現実寄りの芝居が「実事《じつごと》」で、常識的な考え方や円満な性格の持ち主が受け持つ場面や演出などをあらわした。リアルさを演じる「実事」は、マコトの「実」を借りた芝居用語でもあった。

上方は京言葉の歴史が長く、地元に根づいていた口語を舞台上にそのまま上げても観客に通じた。だから上方歌舞伎では、現実社会を舞台にした写実的な芝居を提供できた。やりとりのリアリティを深化させる環境が、整っていたのである。

対する江戸は、幕府が置かれたのちに諸国から移り住んだ人たちであふれていた。地方の藩主に参勤が義務づけられて江戸に武家屋敷を構え、お国訛りでしゃべっていた臣下たちも移り住んできた。そうなると、誰にでも通じる共通の江戸語が形成されるのに時間がかかる。すべての観衆が理解できる日常語がなければ、日々の生活や世相を題材にした芝居を上演するのは条件的にむずかしい。そのような社会事情をふまえ、団十郎は破天荒な荒事に磨きをかけていた。有無を言わさず観衆に伝わり、見栄えのする芝居を前面に押し出していた。また当時の江戸歌舞伎は、世話物よりも時代物にウエートがあった。歴史物なら従来の文語調で済まされた。

ところで上方歌舞伎では、「本間《ほんま》」という独特の術語が使われていた。歌舞伎ならではの「間」、すなわち間合いとか呼吸をイメージしている。とりわけ「本間」のあり方が大切だったのが、滑稽な役柄を受け持っていた「道外《どうけ》（道化）方」の役者だった。彼らは歌舞伎の役柄のうち、もっとも古い部類に入る。一連の流れにオチをつけて観客を笑わせ、場面の転換をうながすなど、早期ほど重要な役割を果たしていた。

遊女評判記と似たコンセプトで、実際の歌舞伎役者を品評した書籍群があり、役者評判記と呼ばれている。そこでも道化方の「本間」の技量や見せ場などについて、たびたび論じられている。彼らの「本間」が問われたのは、観衆から笑いを取る芸こそ、呼吸やタイミングの「間」が命だったからなのだろう。間合いがズレたら、笑えるものも笑えなくなってしまう点は、現在のお笑いでも変わらない。

間合いが大切なのは、もちろん道化だけではなかった。「本間」の芸が高く評価されていた荒木与次兵衛《あらきよじべえ》（一六三七―一七〇〇）は、大坂を代表する立役《たちやく》（男役の総称）だった。興行や後進の育成にも貢献し、世代的には藤十郎や団十郎らよりもひと回り上にあたる。

与次兵衛は第一に荒事の名手として名を馳せた。『役者大鑑《やくしゃおおかがみ》』（元禄八年、一六九五版）では、立役ランキングの筆頭に置かれている。批評の言葉には「立役、武道、ほんまの実事、やつし事（落ちぶれた人の芝居）」が、どれもすばらしいとある。とくに座頭の演技については、まるで「生《しょう》の座頭」を見ているようだと賞賛している。ここでの「生」は生身の人間のことをいう。まだ現代的な「本当」や「本物」といった言葉が通用していない段階では、リアルさを伝えるさまざまな形容が使われていた。

女形の中村七三郎は、上方に向いている江戸の役者だった。すぐれた「本間」の芸で知られ、市川団十郎とともに元禄期の江戸歌舞伎を盛り立てた。団十郎の荒事の印象が強い江戸歌舞伎の中にあって、七三郎は上方の坂田藤十郎を思わせる和事を得意とした。動と静の異なる個性が、うまく引き立て合っていたのである。前掲の『役者大鑑』によると「本間の狂言（歌舞伎）」が上手で、その技量を濡《ぬ》れ事《ごと》（情事の芝居）に用いると朝鮮人参よりも効き目が強いとある。そのため江戸の座元《ざもと》が七三郎を手放さず、今まで京都の舞台を踏めていないのを気の毒がっている。のちには上方でも成功を収めている。

浮世草子作家だった京都の八文字《はちもんじ》屋《や》自笑《じしょう》（?—一七四五）は、役者評判記の『役者色景図《やくしゃいろけいず》』（正徳四年、一七一四刊）を書いた。そこで賞賛されているのが、江戸の立役だった生島新五郎《いくしましんごろう》（一六七一—一七四三）だった。自笑によれば、芸の根幹にある濡れ事や、やつし事や所作事（舞踊・舞踊劇）を「かぶきの本間」と称する。その理由は、役者の顔を紅や墨で塗らず「生《うぶ》のままの芸」だからである。この三役にかけては、新五郎がベストだという。ノーメイクのことを「生」と書いて、ウブと読ませている。

先ほどの『役者大鑑』には「生《しょう》の座頭」があった。「生」の読ませ方は違っていても、どちらもリアルさを意識した表現に変わりはない。対する「本間」については、あとから出た『役者色景図』では歌舞伎メイクの基本形といった意味合いで使われている。そうなると、もはや芝居の間合いやタイミングとは関係がない。漢字の「間」に立脚していた当初の用法から離れて、用途を広げているのがわかる。

やがて歌舞伎用語から世間に転出すると、「間」本来の意味も薄れていった。それにともなって「間」の字を使用せず、「ほんま」「本ま」と表記する時期がしばらく続いている。その過渡的な段階をへて、のちに「本真」と書かれるようになったと考えられる。明治時代の国語辞典は、おおむね「本真」と表記している。こうしてマコトの「真《ま》」に置き替えられたが、現在ではふたたび「ほんま」「ホンマ」としか書かれていない。「真」の字も、あまり説得力が感じられなかったのかもしれない。対する「ほん」は、一貫して「本」のことと理解されている。この字は変わることなく定着し、日本語に根付いたのだった。

†近松の舞台芸術論

元禄歌舞伎よりもあとに語られた芝居の芸論では、マコト化した「本」も存在感を増していった。近松門左衛門が語ったとされる言葉にも、すでにその一端が見られる（穂積以貫《ほづみいかん》『難波《なにわ》土産《みやげ》』〔元文三年、一七三八刊〕巻之一発端）。現在では虚実皮膜論《きょじつひにくろん》とも呼ばれる一節で、舞台芸術の本質を突いたものとして名高い。

原文は対話形式で書かれ、ある人が最初に持論を述べる。それによると、最近の芝居好きは「理詰の実らしき事」でないと納得しない。役者たちでさえ、芝居が「実事に似る」のをもって達者だとみなしている。立役の家老は「本《ほん》の（本当の）家老」に似せようとするし、大名は実際の大名に似ているのを第一とみなす。だから、ひと昔前のような子どもだましの芝居は通用しないという。

それを聞いていた近松が「芸といふものは実と虚《うそ》との皮膜《ひにく》の間にあるもの」だと反論する。たしかに昨今では「実事によくうつ（写）す」写実性が好まれる。家老は「真《まこと》の家老」の立ち振る舞いや、話し方を活写しようとする。しかし「真の大名の家老」が、立役のように顔に白粉を塗っていることなど実際にはあるはずもない。また「真の家老」は化粧をしないからといって、髭《ひげ》や髷《まげ》を整えたりしないまま舞台に出たら、観衆には心地よく感じられないとある。その上で近松は、つぎのように続けている。

皮膜《ひにく》の間といふがこれなり。虚《うそ》にして虚にあらず、実にして実にあらず、この間《あいだ》に慰が有た（る）ものなり。

舞台の芸は「実と虚との皮膜の間」にある。だから事実を忠実に描写するだけでは十分でなく、現実にはない「虚」の要素が備わっていなければならない。むしろ「虚」であって「虚」ではなく、「実」であって「実」ではない、ちょうど中間のところに「慰み（娯楽）」がある。そのような「虚実」の間に芸が成立すると近松は述べている。

文中では「真の家老」と「本《ほん》の家老」が、とくに区別されていない。マコトの時代からホントの時代に移り変わろうとする、過渡期の言語感覚になっている。ちなみに『日葡辞書』にも「ほんの」はあったが、本来の姿を伝える伝統的な言葉だった。それが遊里語「ほんに」の余波によって、江戸時代風に変化している。

古語の「本」は、しばしば最初の姿が正しいことを示していた。それが江戸時代になると、最初云々を抜きにして純粋に真偽や虚実のレベルでも語られるようになった。その発想は、歌舞伎や浄瑠璃の芸論にも多大な影響を及ぼしている。近松のように、舞台芸術の本質が虚実をもとに語られるようになったのは、ひとつの典型例だった。その上で近松は、虚実のどちらかで白黒をつけなかった。むしろ虚と実の間に舞台上の真実があると指摘し、舞台芸術の奥深さを伝えようとしていた。

近松が書き上げて大々的にヒットした人気作は、やがて浄瑠璃から歌舞伎に移し替えられた。役者のやりとりによって上演される機会も、しだいに増えてきた。生身の人間が日常の所作を演じる芝居なら、さらなるリアリティを極める道も開かれる。その反面、芝居である以上はある種のフィクション（虚構）性を排除できない。そのため近松以降も「実」だけでなく「虚」の芝居の舞台効果についても、積極的に検討されるようになった。舞台上のリアリティの追求であり、やがて役者たちは現実と異なる独自の動作にも気を配るようになった。最終的には、歌舞伎の型を発達させることにつながっている。

作者目線とは別に、舞台に立つ役者が思い描く本物志向も議論されていた。合戦や敵討ちなどの立ち回りで使われる真剣すなわち本物の刀については、業界用語で「本刀」や「本身《ほんみ》」などと称した。元禄歌舞伎が確立される前までは、役者が自前の実物まがいの刀を舞台に持ち込むことも少なくなかった。

ところが元禄十七年（一七〇四）、江戸の市村座で興行中だった初代の市川団十郎が、共演の生島半六《いくしまはんろく》（?—一七〇四）に真剣で刺殺される事件が起こった。半六の恨みによるもので、それ以来舞台では竹光《たけみつ》か黒塗りの刀身を用いるよう幕府に指導された。それでも迫真の殺陣《たて》を演じるため、凝り性の役者が舞台上で本物を振り回しては事件沙汰になることがたまにあった。そのたびごとに、芸術性か安全性か議論が戦わされている。

立ち回りに本物の刀を使う気迫とは別に、偽物の刀で本物と同等の迫力を出してこそ役者魂だとする声もあった。二代竹田出雲《たけだいずも》（一六九一—一七五六）の孫弟子にあたる為永一蝶《ためながいっちょう》がまとめた歌舞伎百科事典の『歌舞妓事始《かぶきじし》』（宝暦十二年、一七六二刊）にも、そういう記録がある。本書には往年の名優たちの逸話が収録され、元禄期の『役者大鑑』にも紹介されていた荒木与次兵衛のことが書かれている。

その話によると、あるとき彼が松の立木を切る場面があった。その木には、刀で切りつけるところにあらかじめ切れ目が入れてあった。それを細工師が間違って、仕掛けのない立木を舞台に出してしまった。ところが与次兵衛は「作り刀」でズバッと切り落としてしまった。あとで知った細工師が、度肝を抜かれたとある。一蝶は「心の剣《つるぎ》」と評し、ここまで芝居に「魂を入(れ)る人」はほかにいないだろうと結んでいる。まさに与次兵衛が身をもって示した、武者芸の真骨頂だった。

リアル志向の是非が問われていた元禄歌舞伎では、マコト意識が鮮明になっていった。それを「本」によって語る機会が増え、モトとマコトが一体化していた中世の芸論とは異なる「本」解釈が形成された。この移り変わりは、結果的に見れば「新」の台頭と連動していた。過去の出発点だった「本」の意義が薄まる一方で、今のことをいう「新」への注目度が高まっていったからである。そうして勢いを得た日本語「新」は、最終的に今よりも今後に意識をシフトさせた。一段と発達した今、という実感が継続的に更新できれば、人びとは近未来の「新」の姿に期待するようになる。それが現代語「新」の言語感覚に、新たに備わっていった。

3　俳諧の新しみ

†西鶴と芭蕉とオランダ

従来の「本」と「新」の理屈でいえば、「新」のつぎにまた「新」があらわれると、先行する「新」は事実上、第二の「本」になる。そうして基本の「本」と、新規の「新」の構図が保たれる。しかし更新の頻度が上がると、第二の「本」が定着する前につぎの「新」があらわれ、「新」から「新」への連続に見えやすい。『塵劫記』などの往来物では「新編」が量産され、そういう展開の予兆となっていた。しかし出版サイクルの話なので、更新の頻度はなおも緩やかだった。

元禄歌舞伎が栄えていた頃、往来物よりもはるかに速いサイクルで「新」から「新」への展開が実現していたのが、俳諧の世界だった。新作がつぎつぎに詠まれ、それが俳句ないし俳風の継承発展につながっていた。むろん個人的な創作活動なので、『塵劫記』由来の和算的な蓄積とは性質が異なる。それでも当時の俳諧では、「新」による改善が標榜されていた。「新」から「新」への間が短ければ進歩を実感しやすく、その意味で俳諧は進歩思想の萌芽を感じさせる分野のひとつだった。

ひとまず俳句の前史としては、江戸初期の松永貞徳《まつながていとく》（一五七一―一六五三）にさかのぼる。貞徳は京都の歌人で、信長や秀吉とも交流があった連歌師の里村紹巴《さとむらじょうは》（一五二五―一六〇二）らに師事した。やがて「俳諧《はいかい》」を打ち出し、貞門俳諧《ていもんはいかい》の祖となった。「俳諧」とは滑稽の意で、『古今集』の雑体《ざってい》の部にも滑稽な和歌を収めた俳諧歌《はいかいか》が収められている。貞徳のいう「俳諧」は俳諧連歌の略で、従来の連歌に滑稽味を上乗せしていた。

貞門に次いであらわれたのが、西山宗因《にしやまそういん》（一六〇五―八二）の談林俳諧《だんりんはいかい》だった。貞門の行き詰まりの打破を掲げ、しばらくは一世を風靡した。しかし談林派から抜け出た松尾芭蕉《まつおばしょう》（一六四四―九四）の格調高い作風が支持されるに至り、残された談林派はしだいに衰退している。主流になった芭蕉門下は蕉門《しょうもん》と呼ばれ、蕉門の俳風については蕉風《しょうふう》ともいう。

俳諧はこの頃から、連句中心から発句《ほっく》中心に移行した。本来の様式では、最初の人が発句（長句）の五七五を詠み、つぎの人が七七の短句を付ける方式で交互に詠んでいく。やがて発句の五七五だけで止める手法が好まれ、芭蕉も十七文字の作品をつくり続けた。この「俳諧の発句」が明治時代に「俳句」と略され、現在に至っている。

井原西鶴（一六四二―九三）は十五六歳の頃から俳諧に取り組み、一時は談林派を代表する俳諧師として名を馳せた。一昼夜の間に発句をつくる数を競う矢数俳諧《やかずはいかい》を催し、量産を得意としていた。井原鶴永《いはらかくえい》（当時の西鶴の名）編の『生玉万句《いくたままんく》』（寛文十三年、一六七三刊）の序文によると、それ彼らの一派は旧勢力から「阿蘭陀流《おらんだりゅう》」と酷評されていた。万句合《まんくあわせ》の興行からも排除され、それに対抗して主催した興行の作品を収録したという。

ここでの「阿蘭陀」は、異端のことをさしている。あるいは風変りとか、奇をてらった目新しさのことだった。ネガティブに解釈された「新」俳諧の意でもあった。西鶴はみずから「阿蘭陀流」を名乗り、自派の俳風の旗印にした。のちに浮世草子の作家に転身し、文学史上では転身以降の作品がよく知られ、俳諧師時代の扱いは小さい。

西鶴と同時代に活躍した芭蕉は、伊賀国《いがのくに》（三重県）上野で生まれた。三十代の初め頃に江戸に出て、やがて俳諧師の道に進んだ。延宝八年（一六八〇）に『桃青門弟独吟二十歌仙《とうせいもんていどくぎんにじっかせん》』を刊行し、代表的な選者のひとりに名を連ねた。題名にある「桃青」は、この時分に名乗っていた俳号である。同年の冬に江戸の市中から退くと、深川に草庵を構えて隠逸生活に入った。

その芭蕉は、延宝年間（一六七三―八一）の頃まではポルトガル、スペイン、オランダ語由来の外来語も取り入れた句を詠んでいた（小宮豊隆『芭蕉の研究』一九三三年）。使われた用語には「みいら（木乃伊。薬材）」「さらさ（更紗）」「軽板《カルタ》」「ふらすこ（酒器のガラス瓶）」などがある。交流があった池西言水《いけにしごんすい》（一六五〇―一七二二）の『江戸蛇之鮓《えどじゃのすし》』（延宝七年、一六七九刊）「春部」に収められた芭蕉の句は、「阿蘭陀」から始まっている。

阿蘭陀も　花に来にけり　馬に鞍《くら》

時の将軍に謁見して風説書《ふうせつがき》を提出するため、オランダ商館長一行が長崎から江戸に毎年やって来る。それが例年、花見の時期だった。馬に鞍を置くとは、出かけることをいう。つまり全体的には、商館の人たちが訪れて花見の季節がやって来たから、私たちも見に行こうと詠んでいる。西鶴に与えられた「阿蘭陀」が異端の意だったのに対して、芭蕉がみずから取り入れた同じ言葉は異国趣味を漂わせていた。今のカタカナ言葉に相当する外来語を用いた句は、若き日の芭蕉がわかりやすい目新しさを取り入れた試みでもあった。

かつて芭蕉も身を置いていた談林俳諧は、雅語を用いる伝統に縛られず、積極的に俗語を取り入れていた。芭蕉もまた俗語や日常語を使い、外来語もその一端だった。そうして詠歌の素材となる語彙を広げながらも、低俗に流れない作風をつねに心がけた。西鶴と違って芭蕉は俳諧師であり続け、のちには単なる目新しさの域を超えた「新」なる俳風を追求した。それが結実したのが「新（し）み」だった。

†流行と新しみ

いにしえの和歌や連歌の歌人たちと同じく、芭蕉も創作芸術の担い手として「本」と「新」の折り合いに挑んだ。その視点は『常盤屋之句合《ときわやのくあわせ》』（延宝八年、一六八〇奥書《おくがき》）に記された初期の俳論にもあらわれている。書物自体は、門弟の杉山杉風《すぎやまさんぷう》（一六四七―一七三二）による句合集だった。「句合」とは、歌合の形式にならって二首の俳句を左右に並べて優劣を競い、記録したものをいう。芭蕉の跋文《ばつぶん》（あとがき）にある言葉が、名言として知られている。

倭歌《やまとうた》の風流代々《よよ》に改まり、俳諧年年《としどし》に変じ、月月に新たなり。

かつての和歌の「風流」は代々にわたって改まり、俳諧も早いサイクルで「新」が生み出されてきたとある。わずか十七文字の文芸なので、量産しやすく、現に新作が続々と詠まれた。しかも「年年」どころか「月月」のハイペースで発表されていった。その回転の速さを強調すれば、現代人が思い描く日進月歩のペースに通じる。しばしば年周期が意識されていた、昔ながらの「新」とはペースが違う。

右の『常盤屋之句合』には、芭蕉が俳句を評する言葉にも時折「新しき」が出てくる。「白髪の老女に見立てたるも新し」（二十二番の左の句に対する批評）などとある。『常盤屋之句合』から六年後にまとめられた『初懐紙評註《はつかいしひょうちゅう》』（貞享三年、一六八六成立）の句評でも、再三「新しき」句や俳諧に言及し、高い評価を与えている。

　この「新しき」ことと関連が深いのが「流行」だった。元禄二年（一六八九）に始まった奥の細道の道中で、芭蕉は「不易流行《ふえきりゅうこう》」の考えを形づくっていった。「不易」の「易」はカワルと訓読し、変化することに等しい。よって「不易」は不変の意になり、今でも知られる成句に「万古不易」がある。対する「流行」は刻々の変化をあらわし、「不易」と一対になっていた。

　芭蕉が語ったとされる「不易流行」は、いくつかの俳論書に出ている。そのひとつが、弟子の向井《むかい》去来《きょらい》（一六五一―一七〇四）による『去来抄《きょらいしょう》』だった。元禄十五年（一七〇二）から十七年（一七〇四）の頃に成立し、下巻の「修行教」に用例がある。「不易」と「流行」は、別々のものとして教えられやすいが、芭蕉によれば「基（もと。本）は一ツ」だった。その理由が、続く一節に示されている。

　不易を知らざれば基立（ち）がたく、流行を弁《わきま》へざれば風あらたならず。

すぐれた俳句を詠むためには、その「基」になる「不易」を知らなければならない。しかし時代の変化にともなう「流行」も知らなければ、「風（雅）」が「あらた（新）」になっていかないと去来はいう。つまり「新」なる「流行」に対する「本《もと》」が、不変の「不易」だった。俳諧の「本」と「新」が設定された上で、なおかつ根源は同一と述べられている。両者が混然一体となった姿を、理想に掲げている。

中世の和歌や能楽で論じられてきた芸論では、あくまで「本」は「本」であり、「新」は「新」だった。その上で基本的には、時代の違いを超えた普遍性のある「本」が重んじられてきた。芭蕉の理解では、その「本」と「新」が一体だった。過去の解釈とくらべると、「新」が格上げされている。このように「新」を重視する理由が、服部土芳《はっとりどほう》（一六五七―一七三〇）の筆録とされる『三冊子《さんぞうし》』（元禄十五年、一七〇二頃成立）に述べられている。

三分冊からなる『三冊子』の一冊が「あかさうし（赤冊子）」だった。冒頭から「不易」と「流行」について語られ、「風雅」の視点が強調されている。芭蕉が思い描く「風雅」には、不変の「不易」も移り変わる「変化」も含まれ、「其本《そのもと》一也」つまり本源はひとつだった。それを可能にするのが「風雅の誠」で、「新古によらず、変化流行にもかかわらず」どの程度「風雅」が実現されているか否かが最終的には問われている。

このあとに、芭蕉の俳論のキーワードでもある「新（し）み」が説かれている。まず「風雅の誠」を「せ（責）むる」人、つまり追求する人について書かれている。彼らはいつまでも同じ居場所に満足してはいられないから、「一歩自然に進む」。探求心が後押しして、おのずと俳風が深化していくという。この議論の終盤に有名な「新ミは俳諧の花也」があり、やはり「せむる」探求心と結びつけられている。

新みはつねにせ（む）るがゆへに、一歩自然にすすむ地より顕るる也。

「つねに」すなわち絶え間なく探求していれば一歩ずつ前進し、おのずと「新み」が生まれてくるという。そうして「新み」を追い続ける姿勢が、価値のあるいとなみと認識されている。その「すすむ」姿を現代的に表現すれば、俳句の進歩に相当する。そこには現代風の「新」に至る可能性が暗示されている。

✝門人去来の後悔

芭蕉の俳論は門人たちにも受け継がれた。ただし芭蕉自身は、積極的に俳論を語らなかった。門人の残した俳論書や俳諧選集に、師匠の言葉が断片的に記述されている。過去の芭蕉研究でも、弟子が「師曰く」「先師曰く」云々と書いた中から拾い集めたものが、立論のもとになっている。その一方では、弟子たち自身の俳論も広く見出せる。

ひと口に門人といっても、芭蕉とのかかわりの有無や度合い、立ち位置などにも幅があった。同じ俳人でも、生涯にわたって考え方が一貫していたとも限らない。そのため一概には言えないが、「不易」と「流行」の兼ね合いについては、師匠以上に「流行」つまり「新」を重んじていた。偉大な師匠だった芭蕉が俳諧の「本」なる存在だったとすれば、弟子にはその師匠を継承するだけでなく、発展させたいと願う意志もはたらいていた。そのことも含めて、門人たちはさまざまな形で俳句の「新」のあり方を口にしている。

去来は『去来抄』の「修行教」で、「俳諧は新意を専(ら)とす」と述べている。「俳諧は新敷(あたらしき)趣を専(ら)とす」ともいい、「新」の重視が踏襲されている。問題は、師匠を超えた「新」を目指すかどうかだった。同じ「修行教」の末尾の一節には、かつての「風体」に相当する「風」について書かれている。そこに登場する山口素堂《やまぐちそどう》(一六四二—一七一六)は、芭蕉の弟子ではなく、友人として親しく接した人物だった。

「修行教」の一節によると、今年になって素堂が去来に語りかけた。現在は芭蕉先生亡き後の「遺風」が世の中に満ちているが、いつか変化するときが訪れる。もしあなた(去来)に志があるのなら、私と一緒に「一(つ)の新風」を起こそうではないかと誘われた。そうして声をかけてくれたことに、かたじけないと謝意をあらわしてから、去来は答えた。私も以前、そのように思ったことがないわけではない。ありがたい芭蕉先生の後ろ盾によって「二三の新風」を起こせば、世の俳人たちを驚かすことができるだろう、とある。

しかし去来は、秘めた自負を抱きながらも、多忙と老いによる衰弱のために、協力するのはむずかしいと辞退した。その上で「本意なき事」と嘆息を漏らして「修行教」は結ばれ、『去来抄』としてもここで終わっている。去来のいう「本意なき事」とは、自分本来の考えではないことだった。もし自分がもう少し若くて、元気があれば行動を起こすこともできたのに、という無念の思いでもあった。

宝永元年（一七〇四）の九月、去来は（数え年）五十四歳で亡くなった。その宝永元年は、三月上旬まで元禄十七年だった。『去来抄』は元禄末期から宝永元年の間に書かれた著作と考えられているから、去来の最晩年にまとめられたことになる。体調や健康状態も影響していたのか、去来は老いを感じながら五十代を過ごしていた。

その去来に声をかけた素堂は、寛永十九年（一六四二）の生まれで、慶安四年（一六五一）生まれの去来よりも九つ年上だった。亡くなったのは享保元年（一七一六）のことで、七十五歳だった。去来に声をかけた時期は、おそらく還暦前後の頃なのだろう。去来よりも年上だったにもかかわらず、「新風」を起こしたいと願う気概の持ち主だった。その素堂からの誘いを断ったことを、去来は内心後悔していたのかもしれない。

去来と素堂のやりとりに見られる「新風」は、中世の文芸で語られてきたそれと大きく異なる。とりわけ「一（つ）の新風」「二三の新風」のように、指折り数えられる個別の「新風」になっていた点に特色がある。これは「新風」の規模と呼べるものが、数えられるほど具体化ないし個別化されていたことを物語っている。

しかも「二三の新風」とは、ひとつの「新風」のつぎにまた別の「新風」を巻き起こせることを意味している。これもまた「新」に続く「新」の実例であり、連続的に更新されていく現代的な「新」の先例になっている。たった一度の「新」では「本」なる師匠を乗り越えられないが、いくつも巻き起こせば道は開けるといった展望なのだろう。

右のような意識が成立した理由のひとつと考えられるのが、十七文字のコンパクトさである。短いからお手軽という単純な話ではないが、それでも労力的には量産しやすい文芸だった。西鶴を筆頭にして、膨大な数の句を詠んだ俳人も多い。その過程でさまざまなアイデアを打ち出すことも可能であり、それが「新」に次ぐ「新」を実現しやすくしていた。

貝原益軒の『養生訓』には、旧来の「新」の用法や「鮮らけし」の用例が見られた。まだまだ伝統的な解釈が根強かったのである。その意味で、同時代の蕉風俳諧に見られた「新しみ」はユニークだった。おそらく現代人が感じる以上に、独特の響きを持っていた。むろん語義変化の起源となると、ある種の語源問題でもあり、万人が納得できる原点に行きつくのは容易でない。それは「新し」の場合も例外ではない。しかし芭蕉本人だけでなく、門流によって「新しみ」の探求姿勢が継承され、江戸時代を通じて広く知られた意義は相応にあるように思われる。

†芭蕉が詠んだ新酒

芭蕉初の全集となった『俳諧一葉集《はいかいいちようしゆう》』は、江戸後期の文政十年（一八二七）になってから刊行された。水戸藩士の幻窓湖中《げんそうこちゆう》（岡野重成。一七七六—一八三一）が編集し、芭蕉の句を千八十三句収録している。その「付合之部四」に収められた連句《れんく》（五七五の長句と七七の短句を交互に連ねる様式）には、芭蕉が付けた長句に「新酒」が出ている。

駕籠《かご》かきも 新酒の里を 過ぎかねて

駕籠かき（担ぎ手）だけでなく、乗っている私（芭蕉）も「新酒の里」を素通りするのが惜しいと思った。その心情が詠まれている。「新酒の里」とは、酒造で全国的に有名だった摂津国《せつつのくに》の池田（大阪府）や伊丹《いたみ》（兵庫県）のことをいう。井原西鶴の『西鶴織留《さいかくおりどめ》』（元禄七年、一六九四刊）巻一に収められている「津の国のかくれ里」には「池田伊丹の売酒《うりざけ》、水より改め、米の吟味、麴を惜（し）まず」云々と出てくる。素材を吟味した贅沢な醸造により、他の追随を許さない高品質の酒を世に送り出していた。

芭蕉の句にも出ていた「新酒」については、解釈が二通りある。もともと日本では、真夏の盛りを除いてほぼ一年中酒を造り、四季醸造と呼ばれていた。その場合の「新酒」は、前年の古米を使用して旧暦の八月に造られた。『はなひ草』では、「八月」の季語に「新酒」が入れてある。同じく『毛吹草』では「九月」に「新酒」がある。

続いて初秋に造るのが「間酒《あいしゅ》」で、晩秋に造る酒が「寒前酒《かんまえざけ》」、冬場に造る酒が「寒酒《かんしゅ》」だった。『はなひ草』では、「十二月」の項目に「寒《かん》作酒（寒酒）」が入れてある。『毛吹草』も「極月（十二月）」に「寒作の酒」が入っている。

四季醸造では「寒酒」のあとで春先に造る「春酒《はるざけ》」も加えて、年に五回も酒が造られていた。そこでいう「新酒」とは、秋口に造られる酒のことだった。しかし寛文七年（一六六七）、当時もっとも酒造技術が進んでいた伊丹で従来の寒酒の仕込み方が改良され、寒造《かんづく》りが確立されると、四季醸造はしだいに衰退していった。

酒造りは米を大量に消費するため、米相場や食糧事情などの兼ね合いから調整が必要になる。幕府は米が不作なら醸造を制限し、その際には寒造り以外を禁じた。冬場は空気が清浄で水に雑菌が少なく、寒さで醪《もろみ》（発酵菌を培養した酒母《しゅぼ》と発酵原料の米を混ぜたもの）の温度も上がらない。そのため高品質の酒が造りやすく、五回もある酒造の機会をどれかに一本化するなら寒造りだった。その際には「新酒」が新年の酒の意になり、季語の扱いも微妙になった。

元禄期の寒造りの「新酒」については、人見必大《ひとみひつだい》（一六四二頃―一七〇一）の『本朝食鑑《ほんちょうしょっかん》』（元禄十年、一六九七刊）にくわしい。巻二の「造醸類」十五「酒」の項目では、麹米《こうじまい》と掛け米の両方に精白米を用いる上質の清酒「諸白《もろはく》」について述べられている。仕込みのあと、最終的に搾り取った酒から不純物を取り除くために濾過《ろか》する。それを「新酒ト号ス」とある。このあと「新酒」に糯米《もちごめ》と麹を加えて「古酒」にする。製法は「新酒」と同じで、こちらは「新諸白」と称し、年を越したら「古酒ノ諸白」という。

また必大によれば、以上の工程はすべて「臘月《ろうげつ》（極月《ごくげつ》。旧暦十二月）」から「春」にかけて進める。要は、年末から年始にかけて造られていた。それを貯蔵して三、四、五年をへた酒は芳醇で、六、七年から十年になると濃厚な色になり、さらに素晴らしいと評されている。すると「新酒」は、秋口や新年の酒であるとともに「古酒」と対比させた表現でもあった。

伊丹の酒は、熟成された「古酒」はもちろん「新酒」も評判が高かった。大坂の酒造屋に生まれた木村蒹葭堂《きむらけんかどう》（一七三六―一八〇二）の特産品ガイド『日本山海名産図会《にほんさんかいめいさんずえ》』（寛政十一年、一七九九刊）に、そのことが詳述されている。全五巻のうち、巻一は丸々四季醸造について書かれ、秋の彼岸の頃から造り始める「新酒」は伊丹が格別と評されている。芭蕉や駕籠かきが思い描いた酒も、おそらくはこの「新酒」だった。

寒造りによる年明けの「新酒」なら、新鮮味のある酒と認識されていたのかもしれない。他方「古酒」に対する酒なら、伝統的な枠組みで語られた「新酒」であり、新鮮味は問われなかった。全般的に見て、元禄期には鮮度を問わない用法が主流だったように思われる。古くからある日常語だった「新酒」に語義変化を生じさせるには、さらなる時間を要した。名詞化された「新しみ」に俳諧独自の意味を上乗せすることはできても、すでに定着している日常語の意味を変化させるのは容易でなかった。

なお元禄期から百年近く過ぎた『日本山海名産図会』には、「新酒」以外の箇所に新鮮味を伝える「新」が散見される。米麴の製造に使う米の選び方について論じた箇所では、近郷の「古米」などを勧めている。ただし「寒前」からあとについては、「新穀を用ゆ」と注記している。この「新穀」は、現代語的な新米をさしている。文中に「古米」も用いているため、「新米」と書くと旧来の意味で受け取られかねない。そこで収穫したての新鮮な米であることを明示するため、「新米」を避けて「新穀」と称したのだろう。

日本酒の醸造には米と水を用いるため、主要な原料となる良い水を使用することが重要な条件になる。その点を解説した「洗浄米《こめあらい》」の条では、米を洗うのに井戸水を使用する旨が述べられ、井戸から汲み上げた水を「新水《しんすい》」と称している。細かい汚れを、徹底的に取り去るよう指示している。これは汲み上げたばかりの、新鮮な水の意になっている。

ただし「新穀」や「新水」などの「新」を含む言葉は、『日本山海名産図会』が読まれた時代であっても、実社会に浸透するに至らなかった。ある種の業界用語にとどまり、新鮮味を伝える「新」が限定的に用いられるようになっていた。それでも「新」何々の専門用語が各方面に登場すれば、もはや限定的とは言えなくなり、「新」に対する人びとの印象も変わる。それが古語の「新米」の語義変化に結び付き、現代語の意味が形成されたのだろう。

4 享保の改革

†新規法度の狙い

江戸初期に発布された『武家諸法度』では、城郭の「新規」造営や改築などが制限され、謀反のことをいう「新儀」が禁じられていた。幕府が開かれてから間もない頃は、諸藩に対する幕府の警戒感が、依然として強かったのである。現状維持の方針に従おうとしない不穏な動きを「新」の語によって想定し、法度に規定する際のターゲットにしていた。

しかし徐々に天下泰平の世に移行すると、謀反のために居城を増築するご時世ではなくなっていった。幕府が関心をもって積極的に監督すべき「新規」の対象も、大きく変化した。政治よりも経済に目が向けられるようになり、「新規」ビジネスへの行政指導といったカラーが強くなっている。八代将軍の徳川吉宗（一六八四―一七五一）が評定所に編纂を指示してまとめられた『御触書寛保集成《おふれがきかんぽうしゆうせい》』に、そのことがくわしく記録されている。

この法令集には江戸初期から寛保三年（一七四三）までの御触書が集められ、翌寛保四年に完成した。その翌年に、吉宗は将軍職を辞している。のちに享保の改革と呼ばれた一連の施策の総仕上げが、この法整備だった。そうして完成した法令集に出ている「新規」の古い例として、元禄十七年（一七〇四）に出された「新規に珍らしき仕出《しいだ》し候《そうろう》菓子類」がある。ここにある「仕出す」とは、製造すること全般をいう。禁止の対象にされているのは、創作菓子のような華美で贅沢な品々だった。

右の短い引用から仮に創作菓子と訳したのは、「新規に」製造した菓子のことではなく、「珍らしき」菓子としての訳語である。「新規」はオリジナリティを伝える言葉ではなく、むしろ先行するオリジナル商品にあやかった二番煎じの呼び名だった。オリジナルの「本」商品に対する、後発の「新」商品といってもよい。勝手に模倣して製造された商品が世の中に広く出回ると、贅沢な風潮を助長していくとみなされ、そういう文脈にある「新規」は創造性と縁遠かった。享保年間に出された法度の場合も、その点については大差がない。

享保六年（一七二一）七月五日に出された御触書では、呉服や道具類から書物やお菓子に至るまで「新規」の製造販売を禁じている。具体的には、最初の一条で「新規」となる「器物」や「織物」などを製造するのを原則禁止にしている。通称「新規仕出し」ないし「新規巧出《たくみいだ》し」の禁令ともいい、代表的な「新規法度」として知られている。研究史上では政治、経済、文化などの多様な観点から社会的な意義について分析されてきた（木下泰宏「江戸期における技術開発（新規法度の影響に関する一考察）」『日本機械学会論文集』（八〇巻八一〇号、二〇一四年）所収）。一説には、明治期に制定された特許制度の前身とも考えられている。オリジナルを真似た「新規」を禁じるなら、もとの製品のオリジナリティを保護することにも通じるからである。

続く一条では、「書物、草紙之類（種々の書籍）」についても「新規ニ仕立」ることを禁じている。ただし書物の場合は「不叶事（叶わざること。非現実的）」なので、版元などの関係者は奉行所まで申し出て相談するように指示している。

共通の古典作品を教材にして流用する「新編」の往来物と違って、文学作品などには一定のオリジナリティが求められる。だから物書きは新作を書き続けなければならず、しかも先行作品とどの程度似ているか否かは判断がむずかしい。そのため右の法度でも、著作活動は他の「新規」と別枠扱いにされている。焼き直し的な「新規」の例外に位置付けられ、クリエイティブな執筆活動そのものが「新」と認識されていたわけではなかった。

右に掲げられた二条に続けて、法度では禁制の対象になる理由を述べている。しだいに華美を極め、むやみに贅沢するようになったので、質素だった最初の頃に立ち返るようにうながしている。これは最初の一条にある「器物」や「織物」に当てはまる。華美な菓子などを規制した元禄十七年の法度と、似たところがある。無駄に華美で贅沢な「新規」が戒められているから、幕府による従来の法令と同じく、否定的なニュアンスには違いない。

享保六年七月の法度は、質素を心がける旨を述べてから、最後に歌舞伎や浄瑠璃などの「見せ物」に言及している。これらの興行に欠かせない台本もまた、文学作品と同じく独創性が求められる。過去にない構想や、世相を反映した作風でなければ、いずれ観衆に飽きられてしまう。そのため、これらの「新規之事」については「可為格別事（格別たるべき事）」つまり別扱いにすると書かれている。

同じ享保六年の閏《うるう》七月にも、似た趣旨の法度が出された。そちらは「呉服、諸道具、書物類」だけでなく「諸商売物、菓子類」に対しても「新規ニ巧出」すのを禁止するとある。その上で、やむをえない事情があるなら申し出るよう言い渡している。それというのも、近年になって「色品」を変えたり「物数寄（物好き。風変り）ニて仕出し候類」が目に余るからだった。今後このことを心がけなさいと言い添えてある。こちらは類似品を禁じて、オリジナル商品を保護する方針のようにも読める。このように全体的な法解釈には幅が認められるにしても、先進性や新鮮味をあらわす現代語的な「新」が規定されていたわけではなかった。

†江戸の知的財産権

享保期の「新規」法度が特許権の萌芽だったとすれば、出版物に対する「新規」法度は著作権の萌芽でもあった。享保七年(一七二二)十一月の御触書は、これから発行する出版物の「新板」について規定されている。最初に「儒書、仏書、神書、医書、歌書」などの書籍類について、よからぬことを書かないようにと原則を示してから、テーマごとにまとめている。まず好色本は風紀を乱すため、よろしくない。また特定の家の家系や先祖のことについて、あることないこと書き立てて世間に広めたりするのは禁じるとある。続けて版元への指示があり、「以後新板の物」は作者や版元の実名を奥書に載せるよう明記されている。

徳川家に関して立ち入ったことを書かないよう禁ずる旨も示され、今後は右の点に留意して「新作の書物」を吟味し、販売するよう指導している。もし違反があれば、奉行所に届けなければならない。たとえ顔見知りの同業者でも、申し出なければならない。そのために「仲間」同士で違反することがないようチェックし合う必要があるとしている。書物の巻頭や巻末に著者名や発行年などを記載すること自体は古くからあり、従来の慣例を法的に規定したことになる。その定めを守ることを請け負ったのが、右の一節にある「仲間」つまり本屋仲間だった(橋口侯之介『江戸の古本屋』二〇一八年)。

本屋仲間は、御触書の規定に沿って本づくりを進めた。もっとも重要な仕事は、同業者が申請してくる新刊本の草稿を審査することにあり、「行事〔行司〕」と呼ばれる代表者が職務を担当した。先行作を丸々模倣したような書物が出版されていないか行事が確認し、海賊版の類はこの段階で差し止められた。これが今でいう著作権の保護に近い。内容も検閲して違法にあたらないと認められると、晴れて版元は板木《はんぎ》の制作に取りかかった。

本屋仲間をはじめとする仲間組織には、歴史があった。織田信長の楽市楽座によって市場が開放され、新参の商人でも自由な営業活動ができるようになると、江戸幕府もその方針を受け継いだ。そのため特権的な寄り合いの組織化は、原則的に認めていなかった。ところが時代は移り変わり、吉宗の頃になると仲間組織が発達していた。吉宗のブレーンを務めた荻生徂徠（一六六六―一七二八）の『政談《せいだん》』には、内輪での談合による価格操作によって物価高を招くことが懸念されている（「諸色直段《ねだん》〔値段〕の事」）。

しかしすでに現状がそうなっているのなら、幕府としてはむやみに取り締まるだけでは根本的な解決に至らない。むしろ、商工業の組織力を味方につけるのが得策だった。そこで業種ごとに仲間組織を公認し、積極的に組織化するよう推進するかわりに、それぞれの組織に対して守るべきルールを義務づけた。「新規」事業のガイドライン化であり、南町奉行の大岡忠相《おおおかただすけ》（一六七七―一七五一）が中心になって押し進められている。

本屋仲間に対するお達しが出されたのと同じ十一月に、もろもろの商品に関する規定と仲間組織を関連づけた御触書が出されている。「諸商売物、菓子類にても新規のこと、御停止の儀」という。さまざまな品目を扱う同業者の「仲間」に対して、本屋仲間と同じような検査係といえる行事を月ごとに定めさせている。コピー商品に等しい「新規の品」を勝手にこしらえるようなことがないようおたがいにチェックし、もし発覚したら止めさせるよう指導している。これもオリジナリティを尊重し、確保するための施策だった。

それでも法令によって制限が加えられるようになるくらい、実社会で「新規」ビジネスが活気づいていたのも事実だった。場合によっては単なる模倣にとどまらず、創意工夫をほどこした後発の「新規」商品もつくられていたと思われる。そうして良き「新規」を心がけていれば、周囲の期待感も高まりやすい。当時の「新」に対する個々人の解釈は多様でも、ものづくり文化が盛んになるにつれて、大筋で好意的な意見が増えていた。

ちなみに江戸時代の書籍といえば、板木で印刷された本がすべてではなかった。版本のほかに、稿本ないし写本と呼ばれる手書きの書物が流通していた(橋口侯之介『続和本入門——江戸の本屋と本づくり』二〇〇七年)。しだいに稿本の商品化が、進められていたのである。中身は手書きの筆写本でも、装丁は正規の版本と同じように製本され、書店の店先にも版本と同等に並べられていた。

世の読書好きの需要を満たす新業態として発達した貸本業では、写本が主力商品になっていた。購入して手元に置くほどではないけれども、内容は知りたいときなどに、廉価で読めるようになっていた。また発禁本のように、諸般の事情で本当に読みたいものが印刷物にならなかった場合には、筆写された本を入手して読んでいた。それらの数ある稿本に対しては、発行部数が版本ほど大量でないといった理由から、町奉行も大目に見ていた。しかし何度も貸し出されて読まれる貸本の社会的な影響力は、決してあなどれなかった。

私家版（自費出版）や、活字印刷によってつくられた古活字本のような版本の場合も、出版の規制が緩かった。むしろ版木を使用して印刷する通常の出版物以外は、事実上お咎めなしに等しかった。ただし私家版や活字本として印刷するとなると、自己負担が高額になるため、稿本の形で部数を用意するのが現実的だった。全体的に見れば、江戸時代に書かれた文章がすべて幕府や本屋仲間のチェックを受けていたわけではなかった。現代的な視点からすると、このような抜け道によって表現の自由が担保されていたともいえる。

†新田開発と新新田

米公方《こめくぼう》と揶揄された吉宗の改革のひとつに、定免法《じょうめんほう》があった。過去の収穫高を平均して毎年コンスタントに納める量を算出し、一定額の年貢を徴収した。ただし凶作のときには、「破免《はめん》

（年貢の大幅減）」が認められている。施行した当初は農家の負担が増したが、のちには生産力の向上によって米が余る地域も出てきた。農作物の増産をもたらすエリアを広げるため、官民で新田開発に力を注いだ成果でもあった。

原野や山林などを新規に開発し、得られた田畑を「新田」という。その開発事業を新田開発と称している。元来は戦国大名による水田開発として着手され、治水灌漑工事をともなう大規模な事業が主流だった。江戸時代に入ると、幕府や諸藩による年貢の増収策として盛んに推進されるようになった。開発された新田に対して、もとからの田畑は「本田《ほんでん》」と称した。農地になった時期の前後関係にもとづく「本」と「新」の構図が、そこにあった。

大名・小名や旗本などをはじめとする領主たちにとっては、新田が開発されれば年貢が増える。そのため領主は開発を奨励し、従事者たちを優遇した。たとえば開墾した土地に対して、一定期間の年貢を免除する鍬下年季《くわしたねんき》が適用されていた。このように新田開発は、農家にとっても利益があった。しかし江戸初期に開発が急速に進むと、行き過ぎた開発がもたらす弊害が社会問題になってきた。まず、むやみに開発されて土地が荒廃する事例が出てきた。たとえば山沿いの地域で草木の根まで掘り取ってしまうと、風雨のときに土砂が河川に流れ込んで、洪水を招く危険性が生じていた。

対する本田は、別の理由で荒廃に向かうことがあった。新田と違って従来通り年貢を納めなければならないため、作付けをしない農家が増えたのである（木村礎『近世の新田村』一九九五年）。これもまた「新」の動きが活発化したことによって、「本」の価値が目減りしてきたケースに数えられる。

現場から報告されてくる弊害を問題視した幕府は、新田開発を制限するに至った。寛文六年（一六六六）に「諸国山川掟《しょこくさんせんおきて》」が定められ、「新規之田畑起之儀」をはじめとするいくつかの「新規」開発が禁止されている。それ以後は、すでに開墾されている本田を有効利用し、収穫を増やそうと努める時期がしばらく続いた。しかし元禄期の前後になると幕府の財政が傾き始め、立て直すためには新田開発に頼らざるをえなくなった。その流れで、享保の新田開発に至っている。

この新田開発が本格的に実施されたのは、享保十一年（一七二六）に「新田検地条目」が出されてからだった。その前に関東地方御用掛《かんとうじかたごようがかり》が新設され、任命された大岡忠相らのもとで検地から着手された。水田は大量の水を使用するため、河川の付近や傾斜地などが好条件になる。その点おおむね平坦な武蔵野台地は水利上の難点があり、灌漑設備をもうけるのが容易でなかった。そのため武蔵野「新田」といっても、水田よりも畑作地が中心になっている。

開発の進展にともない、「新田」にはバリエーションが広がってきた。先に開発された「古《ふる》新田《しんでん》」や、あとからできた「後新田」があり、「新」の字をくり返した「新新田」まであった。

これらの語を地名や人名のあとにつなげて、何々「新田」と称した村が武蔵国全体で四百近く存在した。江戸幕府の学問所だった昌平坂学問所《しょうへいざかがくもんじょ》の地理局が記録した武蔵国の地誌『新編武蔵風土記稿』(文政十三年、一八三〇成立。全二百六十五巻)に、そのことが書かれている。

たとえば葛西《かさい》(東京都東部の地名)については、西葛西領が「本田筋」と「新田筋」に分けられている。「本田筋」には何々「村」と称して、従来からある農村の名が列記してある。対する「新田筋」には何々「新田」とあり、地名や人名の後に「新田」が添えられている。何々「新田村」という名称もある。

このほか、事業主や開発者を基準にした「新田」もあった。官営の「代官見立新田《だいかんみたてしんでん》」では、幕府の天領(直轄地)の代官が開発用の土地を見立てた。その上で既存の農地や河川に悪影響が出ないか調査し、必要に応じて農具を地元の農家に提供して開発を委託した。各地の藩が主導する場合は、「藩営新田《はんえいしんでん》」と称した。

新田開発を奨励するため、吉宗は広く民間に出資を求めた。開発者に利益を保証することで、大商人などのバックアップによる開発をうながした。その結果、しだいに官営から民営に移り変わっている。資金力のある商人が幕府や藩から請け負って出資したのが「町人請負新田《ちょうにんうけおいしんでん》」で、耕作するのに小作農が雇われた。開発すべき新田を一村が申請し、領主の許可を得て耕作したのを「村請新田《むらうけしんでん》」と称した。事業主や開発者を基準にしたこれらの農地は、参画した人たちに共通する「本田」の存在が意識されていたとは考えにくい。

こうして「新」に次ぐ「新」の展開が、全国の農地に生じていた。新たな田畑の総面積が増えれば収穫増が見込まれ、供給の安定につながる。食料事情の改善をもたらす「新田」の拡大は、将来に期待を寄せる現代語的な「新」の用法にも近い。開墾が終わったばかりの今よりも、今後の増産が意識されているからである。農業技術の発達をもたらす新製品や新装置の進歩とは別に、量的な更新をもたらす待望の「新」でもあった。その意味で、江戸中期に加速した新田開発は日本語「新」のイメージアップに寄与するところがあったと考えられる。

†儒者が勧めた農業

享保期の頃になると、幕府による行政指導が必要になるほど、種々の「新規」ビジネスが活性化していた。全国規模で開発された「新田」については、増収に向けての期待値が高かった。これらは江戸中期の「新」の勢いを物語る具体例だった。好意的に解釈される「新」も、台頭しつつあったと思われる。

為政者側の荻生徂徠は、社会情勢の変化を直視しつつも、農業を「本」に据えた国づくりの再構築を理想に掲げた。その立場は『政談』にくわしく、あくまでも農業が「本」で、商工業は「末」に等しいと規定している。このように「本」を強調する側に立つなら「新」ではなく、従来通りの「末」と対比されていた。徂徠は「本ヲ重ンジ末ヲ抑ユル」ことが「古聖人ノ法」とした上で、「本トハ農也。末トハ工商也」（巻一「戸籍之事」）と明言した。江戸時代の政治経済に関する研究では、初期の農本主義と位置付けられたこともある。

また『政談』には、「人ヲ地ニ着ル様ニスルコト、是《これ》治ノ根本也」（巻一「欠落・逐電之締リ之事」）とある。人を本来の土地に住まわせることが、政治の「根本」だという。その原則にもとづいて、武士にも適用することを徂徠は求める。なぜなら、藩主にともなって地方から江戸に出てきた家臣らは「旅宿」つまり宿泊先で暮らしているのも同然だからだった（巻一「武家旅宿之境界ヲ改ムル制度之事」）。江戸に「旅宿」する武士たちは、衣食住をはじめとして箸一本に至るまで買い求めて調達しなければならない。そういう貨幣経済の枠組みから解放されない限り、彼らは困窮から脱出できないという。

恵まれない「旅宿」の境遇を解消するため、徂徠は武士たちに帰藩《きはん》をうながした（巻二「御旗本並ニ諸士之困窮ヲ救フ制度之事」）。そうすれば都市部に集中する人口が減って物資の需要も減少し、供給が上回れば物価高は改善されると考えた。

享保六年（一七二一）、幕府は全国で人口調査を実施した。その段階で、町方の人口が五十万人を超えている（『享保撰要類集《きょうほうせんようるいしゅう》』）。数える対象に含まれなかった武家や寺社の人口も含め、その二倍の人びとが暮らしていたと考え、都合百万人と推定されている（鬼頭宏「江戸＝東京の人口発展：明治維新の前と後」『上智経済論集』三四、一九八九年、所収）。当時すでに世界一の大都市になっていたことは、よく知られている。現在も議論になっている東京の一極化問題は、すでに当時から都市計画の課題になっていた。

徂徠は貨幣の需要が従来よりも増した点にも言及し、現状では絶対数が不足していると分析している（『政談』巻二「金銀員数減少巨細之事」）。貨幣の増産に関しては、地方ごとに銭の鋳造を認めるべきことも説いている。都市部ほどではないにしても、小口の取引には大量の銭を要する。そこで新たに貨幣を鋳造すれば、地域の産業の振興にもつながると徂徠は考えた。地方ごとに完結した経済圏の構築を目指した政策ともいえる。

なお巻二末には、私利私欲に走る商人に対する徂徠の有名な痛言がある。「商人ノ潰ルル事ヲバ、嘗《かつ》テ構フマジキ也」というもので、商人が破産しても全然かまわないと断言している。そう言いたくなるくらい、商工業者の経済力や社会的な影響力が増し、為政者側にとって大きな脅威になっていた。

徂徠に学び、師匠の経済政策を継承発展させたのが太宰春台《だざいしゆんだい》（一六八〇—一七四七）だった。その著『経済録《けいざいろく》』（享保十四年、一七二九成立）は、「経済《けいさい》」すなわち世の中をよく治めて人びとを救う「経世済民《けいせいさいみん》」を説いた。古代中国の「聖人ノ道」を模範として、春台は「貴穀《きこく》」「賤金《せんきん》」を原則にした。貨幣よりも米穀を重んじ、基本的には徂徠の考え方に近い。

『経済録』の凡例によると、天下を治めるためには何事も「古」を考え、それを「本《もと》」として「料簡《りょうけん》（思案）」しなければならない。そうでないと「末世ノ俗智」に引きずられて、大きな害が生じる。そうならないよう「先王ノ事」を論じるのは、「本ヲ明《あか》サント」することだという。この「本」は以後もくり返され、巻一の末尾には「本ヲ立ルハ、経済ノ先務也」と結ばれている。その回帰すべき「本」が「貴穀」だった。

一方で春台は、すでに米よりも貨幣を中心に回っている現実も直視し、問答体の『経済録《けいざいろく》拾遺《しゅうい》』で対応策を打ち出した。衣食住の物資があっても、貨幣に乏しければ立ち行かない。そこで藩ごとに生産物を専売制にすることを提案した。特産品を活かす必要性を訴え、武士も商業に取り組み、専売によって利益をあげるべきだと主張している。

享保十八年（一七三三）、春台は豊前守《ぶぜんのかみ》だった黒田《くろだ》直邦《なおくに》（一六六七―一七三五）に上書を提出した。直邦は学問を好んだ大名で、荻生徂徠とも交流があった。春台の進言が記録された『春台上書』には、君主として民心を掌握しておく大切さなどが説かれている。冒頭付近の一節によると、太平の世は気が緩みやすく、奸臣どもが君主の欲に乗じて政治を間違った方向に導きやすい。そうして「祖宗の法を破（り）て種々の新法を始」めるところから、政治に弊害が出てくるという。それが種々の災害などと重なると、大きな争乱につながると分析している。

この一節では、伝統的な「祖宗の法」を破って「新法」を打ち出すことが批判されている。

総じて「新」の価値が格上げされた江戸中期であっても、こと政治経済の分野に関しては、無条件に歓迎されるとも限らなかった。とりわけ私利私欲に突き動かされて「新」に次ぐ「新」を打ち出せば、社会的に大きな痛手を与えかねない。その行き過ぎに歯止めをかけようとした提言と受け取れる。「新」を歓迎する世間の風潮に対して、社会的な責任のある儒者としては慎重な対応を勧め、「本」を重んじる発言もしていた。

現代社会でも、学術の発達や技術的な進歩などによって社会生活が向上するのを期待する声は多い。それに対して識者が行き過ぎを戒めたり、待ったをかけたりする。理由は環境問題であったり、格差社会であったりとテーマごとに無数にある。そこで幅広く語られる原理原則は、識者自身の「本」なる主張になっている。世間が「新」を望み、識者が「本」の立場から戒めようとする構図は、享保前後の頃から顕在化したのかもしれない。

5 受け渡された工夫

†農業は効率的に

深く考えることから出発していた「工夫」は、江戸時代に入ると考えた結果に軸足を移していった。すでに元禄文学には、改善や改良に近い現代的な「工夫」の用例がいくらでもある。井原西鶴がまとめた『日本永代蔵《にっぽんえいたいぐら》』（元禄元年、一六八八刊）にも出ている。

この本に収録された一話「大豆一粒の光り堂」の主人公の川端九助《かわばたきゅうすけ》は「万に、工夫のふかき男」で、便利な農具を考案した。九助が開発した農具には鉄の爪を並べた荒起こし用の鍬や、脱穀した籾殻《もみがら》や藁屑《わらくず》を風力で選別する唐箕《とうみ》、米ぬかをふるい分ける千石通しのほかに千歯扱《せんばこ》きがあるという。千歯扱きは脱穀機の一種で、竹の歯を十本ほど櫛の歯のように並べて土台に固定してある。歯の部分に稲穂を掛けて引っ張ることで、籾をまとめて外すことができた。のちには歯の数も増やされ、素材も鉄製になった。

ただし『日本永代蔵』が九助を新型農具の考案者としているのは、西鶴の創作だった。千歯扱きについても、最終的な仕様に落ち着くまでのプロセスや時期については、今なお諸説がある。元禄期を代表する農書だった宮崎安貞《みやざきやすさだ》（一六二三―九七）の『農業全書』（元禄十年、一六九七刊）にも、この農具は紹介されていない。農作業のプロセスを時節ごとに示した冒頭の挿絵には、二本の箸状の棒で稲や麦の穂をはさんでしごき取る、従来の扱き箸《こばし》が描かれている。その改良型といえる千歯扱きが全国的に普及したのは、元禄以降のことだった。

『農業全書』をあらわした安貞は、もともと福岡藩の黒田家に仕えていた。序文によると、明末の『農政全書』（一六三九刊）をはじめとする農書を研究し、西日本の諸国を歩き回って各地の農家に農業の心得や技法を取材した。三十歳過ぎに官職を辞して武士をやめると、農業の道に進んだとある。以後ひたすら研究に没頭し、晩年の七十代半ばになってから『農業全書』をまとめ、京都の版元から出版した。農業の現場から得た情報を細かく記述し、利用者目線の配慮も功を奏して江戸時代の農書のロングセラーになった。

この『農業全書』には、農業技術の「工夫」が記述されている。穀類の項目では稲が第一に取り上げられ、末尾のところで肥料を与えるタイミングに触れてから「工夫鍛錬」の心得を説いている。すなわち施肥《せひ》が早すぎることによる損害は少ないが、遅れると被害は甚大になる。米づくりに限らず、作物づくりについても大いに「工夫鍛錬」し、よく考えながら手をかけてやらないと生産性は向上しない、とある。農具や肥料を改良したり、作業手順の効率性を高めたりする具体策を凝縮したマニュアル本なので、文中にある「工夫」を現代語と同じく改善のことと受け取っても違和感がない。

『農業全書』の序文を書いたのは、安貞にとって同郷の師匠の貝原益軒だった。彼らは同じ黒田家に仕えていた。博識で知られた益軒の著作に辞書の『諺草《ことわざぐさ》』(元禄十四年、一七〇一刊)があり、「工夫」も収録されている。凡例によると、採録した言葉はイロハ順に配列され、それぞれ「諺」「俗語」「正誤」に分けて構成されている。言葉の間違いを指摘し、子どもの言葉を正すのに役立ててもらいたいと末尾に書かれている。

「工夫」は巻四にあり、「俗語」として扱われていて解説がくわしい。それによると、もとは日雇いの労働者のことで「大工、人夫、諸職人の類」が含まれていた。中国の古典では「功夫」とも書かれる。総じて「心を養ひ、道を修（む）る」こと、つまり精神修養の「工夫」が正しい意味だとある。

解説の後半には、益軒自身の意見が付け足されている。世間の俗語で「思慮する」ことを「工夫」と表現しているのは正しくない。なぜなら「工夫」とは、進むべき道にひたすら専念することだからだった。しかし元禄期以降の「工夫」は、師匠の益軒よりも弟子の安貞が思い描いた方向に進んだ。そうして改良を生み出す現代語の用法に接近していった。

夢窓疎石の『夢中問答集』では農作業も「工夫」のひとつであり、精一杯取り組むべきものだった。対する『農業全書』の「工夫」とは、新型農具の開発のようになるべく労働力を軽減したり、同じ労力で収穫量をアップしたりするために知恵を絞ることだった。他方、安貞の師匠だった貝原益軒は伝統的な「工夫」解釈を支持していた。アイデア勝負といった現代的な意味に傾きつつある、当時の「工夫」に疑問を投げかけていた。ひたむきさから外れた世俗の「工夫」は、益軒にしてみれば、手を抜いて楽をするための浅知恵のように思えていたのかもしれない。

†関孝和の人物伝

貝原益軒は数学にも通じ、その著『和漢名数《わかんめいすう》』（元禄五年、一六九二刊）は「三筆」「四天王」「五山」といった「名数」百科だった。三年後の『続和漢名数』（元禄八年、一六九五刊）には、元代の数学書『算学啓蒙《さんがくけいもう》』（一二九九刊）に出ていた独特の分数表記が紹介されている。

この『算学啓蒙』には、今でいう高次方程式を解くのに役立つ天元術《てんげんじゅつ》の情報が載せられていた。従来のそろばん計算では解けない難問に対処できる切り札として、和算家たちに注目されていた。その天元術を改良し、当時の難問を解くのに活用できるようにしたのが関孝和だった。益軒も孝和も元禄前後の時期に活躍し、どちらも本職は武士だった。孝和は甲府藩（甲府市）で勘定吟味役《かんじようぎんみやく》を務め、晩年には江戸に出て幕臣になっている。生前の孝和は益軒ほど著名な学者ではなかったが、博学な益軒なら孝和の名は知っていたはずである。

江戸初期の寛永四年（一六二七）に『塵劫記』の初版が出され、それから約半世紀が過ぎた頃、孝和のデビュー作となる『発微算法《はつびさんぽう》』（延宝二年、一六七四刊）が世に出た。同書には異版があり、最初に刷った本に含まれていた間違いが訂正され、関連個所も修正されている。おそらく割と早期の段階で自著のミスに気づき、ただちに訂正版を出すことにしたのだろう。

この一件に肝を冷やしたかどうか定かではないが、孝和は二作目以降から通常の版木印刷を用いなくなった。そのかわり、著者のオリジナル原稿を書写して複本を作る稿本のスタイルに切り替えた。版本だと一冊にまとめて出版するのに費用も時間もかかり、手直しするのも容易ではない。つぎつぎに数学的なアイデアを生み出して更新したい学者にとっては、稿本が思考サイクルに見合っていた。大量に印刷するほどの社会的な需要はないが、一定の購買層は存在する専門領域なら、なおさら適していた。

稿本の和算書の題名に「新編」が冠される機会は多くなく、孝和の著作には含まれていなかった。それでも彼の業績は実質上、小刻みな「新」をつぎつぎに打ち出す展開に等しかった。残された記録に即して表現すれば、「工夫」に次ぐ「工夫」だった。

なお孝和は自身の業績に対して饒舌でなく、伝記的な記録に「工夫」が断片的に出てくる。たとえば神沢杜口《かんざわとこう》（一七一〇—九五）の『翁草《おきなぐさ》』（明和九年、一七七二成立）では、独自の数学的な「工夫」が称賛されている。「関新助《せきしんすけ》（孝和）算術の事」と題する一条によると、もともと孝和は算数の初歩さえ知らなかった。甲府の家来が持っていた『塵劫記』を教わってから、初めて興味を持った。さまざまな書物を読んだが理解できないことが多く、のちに中国の『算学啓蒙』を熟読して天元術を理解した、とある。

天元術では独自の計算用具が使われたため、筆算式の代数に対して器具代数ともいう。それをマスターした孝和は「様々の術を工夫し」た。器具を使わなくて済む先進的な筆算方式の

「演段（えんだん）」術（じゅつ）（点竄術（てんざんじゅつ））を考案し、その評判が甲府藩主の徳川綱重（とくがわつなしげ）（一六四四—七八。三代将軍・家光の三男）の耳にも入った。綱重は孝和の技量が藩政に役立つと考え、甲府で勘定奉行クラスの役職を任せた。ひいては立身出世にもつながったと書かれている。

このあと『翁草』では孝和は「古今独歩の名人」と評され、個々のエピソードが並べられている。複雑な形をした香木《こうぼく》の伽羅《きゃら》を均等に分割するよう六代将軍の家宣に命ぜられ、見事に計算して分割する目印の線を引いた逸話は、その一例になっている。からくり人形が動いて鐘を鳴らす機械時計が故障したときにも修理を任され、持ち帰って取り組んだ。そのときの熱意と独自のアイデアも、「工夫」の語であらわされている。

これらが現代風の改善の意味にも読めるのは、実際に彼が積み重ねた業績のゆえにほかならない。つぎつぎに創意を形にしていくさまをあらわした「工夫」なら、思索そのものよりも、思索の成果に引き寄せて理解されやすい。そうして読み替えられる余地が広がっていった点に、大きな意味があった。

のちの和算につながる領域では、『塵劫記』よりも前から「工夫」の重要性が問われていた。そろばんの腕前だけでなく、数学的な思考力に磨きをかけようとしていた人たちなら、思索や熟考の意味で使っていたとしても不思議ではない。むしろ和算家たちの活動は、設備も道具も必要としない究極の頭脳労働だった。

逆に道具や設備を必要とする大多数の分野では、頻繁にレベルアップをはかるのがむずかしい。千歯扱きのような機具は、たった一台開発するのにもそれなりの資金や労力などが欠かせない。アイデアだけ生み出されても、実用化の機運などとうまく連動しなければ進捗しない。そうなると絶え間ない向上のプロセスが世間に伝わりにくく、現に千歯扱きは誰がいつ考案したのか定かでなかった。

絶え間のない改善の部分で、和算のような世界には従来の「工夫」と異質な部分もあった。禅の修行や芸道の稽古などの「工夫」は個人的な取り組みであり、修行するうちにおのずと個人差が生まれる。それが各自の個性につながっていく。対する和算も原則的には個人的に取り組むことができ、研究者同士による切磋琢磨の日々でもあった。しかし、数や形に関する同じ基礎知識やルールを共有しながら臨む部分では、ある種の共同研究でもあった。世代を超えた共同研究も可能で、後世に持ち越せる「工夫」が普及したのは新展開だった。

†増えすぎた測量法

抜きん出た個の力で大きな実績を生み出せる、関孝和のような学者は一握りしかいない。それでも人数と時間をかけて研究者の手から手に受け渡されていけば、おのずと蓄積されていく。研究の成果が厚みを増せば、一個人の「工夫」よりも改善の度合いが見えやすくなる。そうなれば、現代的な「工夫」に引き寄せて理解されやすかった。

このメリットは、しかしながら意外なデメリットにも結びついていた。『塵劫記』の初版から孝和の『発微算法』までは、半世紀もかからなかった。それくらい早く発達すると、逆に実社会が追い付かず、実用性から逸脱しやすい。そのレベルまでは必要ないとする批判に、さらされやすくなったのである。他方、数学的な裏づけを備えつつ実社会にも役立てやすい学術や技術の領域で語られた「工夫」なら、改善らしい改善と評価されやすい。そのような実用性のともなったジャンルのひとつに、測量術があった。発達した背景には、新田開発の奨励があった。

新田開発が積極的に推進されていた享保期には、世相を反映して土地の測量に関する書物が相次いで出版されていた。もともと測量術は、『塵劫記』で距離や土地の面積を求める図形問題として扱われていた。一世紀ほどたった享保期の頃に、測量の部門が独立し始めていた。測量に多くのページを割り当てていた類書に地方書《じかたしょ》があり、道や橋、水路、堤防などの土木工事といった農政一般を論じ、これらの本にも「工夫」が散見している。

しかし測量術の「工夫」なら、すべて実用性がともなっていたわけでもなかった。自称「工夫」が増えるにともなって、すぐれたものとそうでないものの差が開き、どうしても玉石混淆になりやすい。その上あまりすぐれていないものに限って、自己申告で新たな「工夫」をアピールしがちになる。数学的な裏づけがあるはずの測量術でさえ、例外ではなかった。享保年間には、そのような悪しき風潮を戒めた測量書もあらわれた。

測量家の村井《むらい》昌弘《まさひろ》（一六九三―一七五九）の地方書『量地指南《りようちしなん》』（前編。享保十八年、一七三三刊）には、在来の測量術から最新のオランダ流測量術まで幅広く解説されている。序文では、測量の方法を大きく五つに分けている。以下、カッコ内は原文にある解説の要約である。

盤鍼術《ばんしんじゆつ》（磁石のついた方位盤を使い、盤上に縮図を作成する方法）
量盤術《けんばんじゆつ》（平板の上に置いた定規を使って測量し、板上に縮図を作る方法）
渾発術《こんはつじゆつ》（渾発＝コンパスの足を利用して距離を求める方法）
算勘術（「数理」で距離や広さ、高さ、深さを求める方法）
機転術（職人的な匠の技に属する方法）

最初の「盤鍼術」は古代中国から伝わる方法で、第二と第三が器具を使うオランダ流の測量術だという。第四の「算勘術」は、中国や西洋の技法に対する国産の測定法のこととある。吉田光由が『新編塵劫記』に載せた難問の前書きにある「算勘」から、注目度が上がった言葉だった。その「算勘術」について、著者の昌弘は「数家者流」によるもので「迂遠（非実用的）

なり」と批判的だった。

これら「五術」以外にも用語が各種あることについて、昌弘は辛口に言及している。彼によると、各自が勝手に定めているため「旧品」も「新物」も含めて似たようなものがはなはだ多い。さらにはみずからの流儀と称して、風変わりなものを使用する人もいる。「工夫」と称して、私見を加えようとする人もいる。そのため測量法の種類は、数十種に及んでいる。これらを研究者がすべて学ぼうと志しても、時間ばかりかかって埒《らち》が明かない。だから必要のないものは省略した、とある。おそらく、ほんの少し手を加えただけでオリジナルの「工夫」を名乗り、十分改善したとうそぶくケースが後を絶たなかったのだろう。

この『量地指南』が刊行された享保年間に、徳川吉宗は呉服や道具類から書物やお菓子に至るまで「新規」の製造販売を制限するお触れを出していた。ほんの申し訳程度に「工夫」しただけで、「新」アイデアや商品だと宣伝する向きもあったのである。この手の商売は、いつの時代も絶えなかった。測量の場合は技術情報の話なので、二番煎じを商品化してシェアの横取りを狙う世界ではなかった。そのぶん無責任に、自己流の「工夫」が垂れ流しにされやすかったようである。

第三章

文芸と学術の興隆
——近世後期の「新」

木村蒹葭堂『日本山海名産図会』の「伊丹酒造」(国立国会図書館所蔵)

1　江戸歌舞伎のリアル

†吉良上野介の本性

江戸時代語の「本心」や「正体」は、モトよりもマコトの要素を強めていった。「本心」は本音や内心の意味にシフトし、原義に漂っていた理想の部分は失われていった。「正体」もまた包み隠した本当の姿をあらわすようになり、託されていた理想像は薄れていった（西田知己『日本語と道徳――本心・正直・誠実・智恵はいつ生まれたか』二〇一七年）。総じて、心に思い描かれた理想よりも目の前の真偽や正誤によって物事が判断されるようになった。最初の状態はどうだったのか、あるいはどちらが先に成立したのか。そういう問題を抜きにして、真価を見極めようとする領域が拡大している。

万人に共通する理想の「本心」については、儒者でさえ否定するようになった。その一例が、荻生徂徠の『弁名《べんめい》』（享保二、一七一七成立）下巻の「心志意」に出ている。人の心について論じたこの一条では、まず『孟子』（告子上編）の一節が引かれている。欲に目がくらんで「本心を失ふ」とある中の「本心」について、宋代の儒者たちは先天的に備わった「心の本然」とみなしていた。対する徂徠は「ただその初時の意」だと評した。「初時」とは心の初期状態をさすのみで、それ以上の価値を認めていない。マコトの意味合いを取り払い、純粋なモトの「本」として解釈している。

　太宰春台になると、その立場はますます徹底されている。『聖学問答』（享保二十一年、一七三六刊）上巻によると、人間も生き物であり、生まれたときに各々の「性」を受けてきた。だから人ごとに「其性《その》サマザマナリ」であり、一概に善とも悪とも決められないとある。個別の人間性としての「性」が説かれている。

　人間本来の性分と理解されていた「本性」についても、人ごとに異なると理解されていった。それも学者目線だけでなく、世間の解釈がそうなっていった。心の個別化は日に日に徹底され、同じ人物に対しても場面ごとに思い描く心の「本性」は異なると理解されていった。現代語の「本性」に近い言語感覚の成立である。寛延元年（一七四八）に大坂の竹本座で初演された『仮《か》名《な》手本忠臣蔵《でほんちゅうしんぐら》』の名場面にあるセリフにも、「本性」が出ている。

　名高い赤穂浪士の事件は、元禄十五年（一七〇二）十二月十四日の夜に発生した。これを脚色した赤穂浪士物のうち、宝永三年（一七〇六）に上演された近松の『碁盤太平記《ごばんたいへいき》』が現存最古とされている。浪士を『太平記』（巻二十一所収「塩冶《えんや》判官讒死《はんがんざんし》ノ事」）の世界に仮託したのも、初の試みだった。その後も『太平記』に置き換えた作品が生み出され、竹田出雲《たけだいずも》（二代目。一六九一―一七五六）らによる合作の『仮名手本忠臣蔵』が集大成となった。

本作の三段目には、本来の事件でいう殿中《でんちゅう》松の廊下に相当する場面がある。私怨《しえん》により機嫌を損ねていた高師直《こうのもろなお》（吉良《きら》上野介《こうずけのすけ》義央《よしひさ》）が、目の前の塩冶《えんや》判官《はんがん》（浅野《あさの》内匠頭長矩《たくみのかみながのり》）に八つ当たりする。ひと続きに書かれた浄瑠璃台本を、現在の台本のように役者ごとの台詞に切り分けてみると、以下のようなやりとりになる。

（浅）「こりゃこなた狂気めさったか。イヤ気が違ふたか師直」
（吉）「シャこいつ。武士を捕へて気違とは。出頭第一の高師直」
（浅）「ムムすりゃ今の悪言は本性よな」
（吉）「くどいくどい。又本性なりゃどふする」
（浅）「ヲヲかうする」

吉良上野介にあたる高師直にさんざん愚弄された塩冶判官高定は、いよいよ腹にすえかねて「狂気めさったか」と言葉を浴びせかけた。それを受けた師直は、ますます憎々しげに言い放った。出頭第一（出頭家老）の私こと高師直をつかまえて「気違」呼ばわりするとは、いったいどういう了見か。それを受けた判官は、毅然と言い返した。それならば貴殿の愚弄は「本性」であろうと詰め寄った。師直が「本性」ならどうするつもりだと開き直り、舞台はにわかに殺気立ってくる。ついに判官は、こうするまでだと脇差を引き抜き、師直の額に切り付けた。判官の運命を決めた一太刀である。

判官のセリフに出てくる「狂気」は古い言葉で、人間本来の気質をあらわす「本気」とセットにして使われることが多かった。現代語と違って、「本気」は「狂気」に転ずる前の、もとのあるべき気質をさしていた。実例は、江戸時代の文学作品にも時折見られる。すると「狂気」でないのならば「本性」かと迫った判官の言葉にある「本性」は、古語の「本気」に近いようにも思える。

それでもなお現代的な用法と大差なく読めるのは、師直の胸中にある「本性」が内心をさしているからだろう。一個人による、一場面に対する心の一断片としての「本性」であり、理屈の上では人間性全般に占める割合は小さい。それでも一事が万事で、チラッと覗かせた「本性」が、その人の本質のあらわれと判断されることもある。この用法は、現代語の「本性」にかなり接近している。

表情の奥に隠された「本性」の部分については、マコト的な「本」のあらわれでもあった。隠していた「本」なる真実の心が露見したとき、それを「本性」と称するようになっている。その場合には、取り繕った偽りの上辺に対する本当の心や魂胆の意になった。現代語「本心」

も隠された心であり、こちらは必ずしも悪意とは限らない。「本意」は「不本意」の形で使われるようになり、現状に納得がいかないまま本音を口外しにくいもどかしさを伝えている。

江戸に招かれた作者

徳川吉宗による享保の改革では、つつましい暮らしが奨励された。豪華な衣装や小道具を用いていた歌舞伎は槍玉にあげられ、絹の衣装を着用することを禁じられるなど種々の制約を受けた。こうした逆風もあり、歌舞伎は一時的に不振に陥った。かわりに人形浄瑠璃が勢いづき、大坂の竹本座と豊竹座の二座が競い合う中で、すぐれた人材が輩出された。『仮名手本忠臣蔵』に『菅原伝授手習鑑《すがわらでんじゅてならいかがみ》』『義経千本桜《よしつねせんぼんざくら》』を加えた三大傑作が、延享三年（一七四六）から寛延元年（一七四八）までの三年間に立て続けに上演されるなど、歌舞伎とは明暗を分けている。

浄瑠璃の発達は、人形の改良と密接な関係にあった。近松の頃の浄瑠璃は一人《ひとり》遣《づか》いの人形が使われ、動きに制約があった。実際の人間の動きに近づけるための三人遣いができあがると、浄瑠璃の様式は保ちながらも、歌舞伎に一歩接近した作品が増えた。実際に歌舞伎にも移され、人形のかわりに役者が演じた。正徳五年（一七一五）に初演された近松門左衛門の『国性爺合《こくせんやがっ》戦《せん》』が、上方や江戸で競って歌舞伎化され、移し替えの端緒となっている。このタイプの歌舞伎は上方で「浄瑠璃狂言」、江戸では「義太夫狂言」と呼ばれた。

室町期の能狂言をあらわしていた「本行」については、義太夫狂言の段階になると、人形浄瑠璃のことをさすようになった。手本が能狂言から浄瑠璃に移ったのである。浄瑠璃作品の歌舞伎化が一般化すればするほど、浄瑠璃を歌舞伎の手本とみなすようになるのは、ごく自然な成り行きだった。

人形には人形ならではの利点もあった。生身の人間と違って動きが制限されないため、浄瑠璃作品では構想がのびやかに立てられていた。それを歌舞伎に移し替えた場合、原作の浄瑠璃のレベルまでなるべく忠実に演出することが試みられるようになった。それを可能にする道具類や舞台装置が、独自に考案されていった。衣装が瞬間的に変わる「ぶっ返り」や「引抜き」といった仕掛けは、人形芝居からアイデアを借りたものだった。浄瑠璃作家も務めた狂言作者（歌舞伎の脚本家）の初代並木正三《なみきしょうぞう》（一七三〇―七三）以降に本格化している。

二代目・並木正三と目されている入我亭我入《にゅうがていがにゅう》（?―一八〇七）の『戯財録《けざいろく》』（享和元年、一八〇一成立）には、作劇法や古今の作者列伝などがまとめられている。初代正三の業績についても、くわしい。それによると舞台の大黒柱を取り払い、劇場の柱も外して観客の目障りにならないよう配慮した。このほか、せり上（揚）げや廻り舞台、三段返りのがんどうがえしなど数々の装置や道具を考案したとある。享保期以降、浄瑠璃の影に隠れていた歌舞伎が活力を取りもどして両者の地位を逆転させたのは、正三の活躍によるところが大だった。

その正三に入門し、上方の立作者として活躍したのが並木五瓶《なみきごへい》（一七四七―一八〇八）だった。若い頃から頭角をあらわし、スケールの大きな時代物に取り組んだ。一方では『金門五三桐《きんもんごさんのきり》』（安永七年、一七七八初演）のように、舞台装置を効果的に用いた演出などで名を成し、上方筆頭の狂言作者になっていた。前半生を上方で過ごし、並木正三以来の伝統にのっとって生活感のある写実的な世話狂言（世話物）の作風を身につけた。

大坂での名声は、早くから江戸にも届いていた。寛政六年（一七九四）、三代目の沢村宗十郎《さわむらそうじゅうろう》（一七五三―一八〇一）の推薦によって五瓶は江戸に招かれ、都座の立作者になった。以後は宗十郎と提携し、写実的な作風の世話物を書いて江戸歌舞伎の繁栄をもたらした。上方から持ち込まれた作風は、「生世話《きぜわ》」と称された。「生」はナマであり、ひたすらリアルさを追求した世話物のことをいう。名称自体は正三の頃からあり、上方では脚本を分類する用語になっていた。またの名を「真世話《まぜわ》」ともいい、こちらはマコトの芝居の意になっている。

五瓶のリアル志向には、伝説めいた逸話も多い。江戸に下る前の寛政四年（一七九二）、彼は大坂で『入間詞大名賢儀《いるまことばだいみょうかたぎ》』を上演した。このとき小道具の馬ではつまらないとばかりに、本物の馬を二頭借りて舞台に上げ、観客を驚かせた。ところが公演九日目に、興奮した馬が花道で粗相をして町奉行の役人が駆けつける騒動を引き起こし、三日間の休場処分を食らってしまった。

しかし騒ぎになっても、当の五瓶は懲りなかった。翌寛政五年に初演された『勝武革奴道成礎《しょうぶかわやつこどうじょうじ》』では仕掛け花火や狼煙《のろし》を舞台で使い、さらには「本鉄砲」を二、三十発も鳴らした。これは火薬を用いて、本物らしい鉄砲の発射音を出す手法をいう。観劇していた子連れの客が、怖がって泣く子を抱えて逃げ出している（伊原敏郎『近世日本演劇史』一九一三年）。すでに元禄期以前から、舞台に「本身（真剣）」が必要か否かをめぐって議論が絶えなかった中、五瓶は「本鉄砲」まで持ち出していた。

よりリアルな舞台にするため、本物仕様の装置や道具を使う手法は、生身の役者が演じる義太夫狂言の頃から本格化した。それにともなって「本」何々タイプの舞台用語が、いくつも生み出された。大道具の「本屋根」は、役者が実際に上がり降りできるよう頑丈にしつらえてあった。「本畳」は本物の畳のことで、役者がめくり上げる場面があるときに、あらかじめ敷かれていた。当時の舞台用語の「本」何々は、リアル志向の代名詞になっていた。

✝本物志向と楽屋落ち

並木五瓶が上方にいた時分に書かれた『韓人漢文手管始《かんじんかんもんてくだのはじまり》』（寛政元年、一七八九初演）には、遊女の高尾《たかお》が雲仙寺の和尚に「本茶」を淹《い》れる場面がある。これは本物の茶のことで、栂尾茶や宇治茶をあらわしていた中世の闘茶の「本茶」とは異なる。お茶が本物なら、湯呑も張物《はりもの》ではなく陶製にしなければならず、その流れで芝居用の「本湯呑」がつくられていた。

お茶については、文化・文政年間（一八〇四―三〇）を代表する名優だった三代目の坂東三津五郎《ばんどうみつごろう》（一七七五―一八三二）の逸話がある。彼は役柄の広さと達者な芝居で知られ、深川の永木《えいき》に別宅を構えていたことから「永木の三津五郎」「永木の親玉」とも呼ばれて親しまれていた。その三津五郎が家老に扮し、湯呑のふちを爪ではじくのを合図にして舞台が変わる演出があった。このとき、狂言作者だった二代目・桜田治助《さくらだじすけ》（一七六八―一八二九）が瀬戸物の「本湯呑」に取り替えた。張り子の茶碗では舞台映えしないだろうと、気を利かせたつもりだった。ところが楽屋にもどった三津五郎は、治助を叱りつけた。瀬戸物を瀬戸物と見せるのは、誰にでもできる。張り子を「真物」の瀬戸物と見せてこそ、役者の腕前だと語って聞かせたという（伊原前掲書）。

脇役の名人で知られた三代目の中村仲蔵《なかむらなかぞう》（一八〇九―八六）の『手前味噌《てまえみそ》』（安政二年、一八五五起筆）は、幕末維新期に書かれた。五代目・松本幸四郎《まつもとこうしろう》（一七六四―一八三八）の芸論が語られていて、三津五郎の言葉と通ずるところが多い。その幸四郎が常々口にしていたところによると、とかく最近の役者は小道具類を「実物」がよいからと注文して、つくらせようとする。ひどいケースだと、酒まで「ほんもの」を入れさせる。酒の肴も、きんとん、かまぼこ、卵焼きなどを盛り合わせた口取物《くちとりもの》くらい用意しておいてくれと頼んだりする。「実物」でないと気分が乗らないからだが、それは役者の芸が拙いからにほかならない。

さらに幸四郎はいう。芝居であるからには、何事も「実地の真似」を上手にやってみせるのが技量だ。小道具も模造品を使い、それを見た客に、きっと「ほんたうのもの」だろうと思わせるくらいでないと「真の上手」とはいえない。いくら「実物」がよいからといって、切腹の場面で「ほんたうの血」を流すわけにはいかない。だから小道具の「実物」をつぎつぎに拵えさせるのは、苦労知らずの未熟者だと酷評している。

芝居の実物志向に対して、役者魂を大切にしようとした名優たちが存在感を放っていた。彼らはそのつど登場する実物を取り入れながらも、心の奥では実物を超えた芝居を心がけ、自身の芸風を守ろうとしていた。虚実の境目を重んじながら作品を生み出していた近松とは別の意味で、虚実のあり方を模索していたプロフェッショナルたちだった。

中世以前の「本意」や「本風」などには、しばしば最初の姿が意識されていた。対する江戸後期には、芝居のリアリティが「実」「真」などマコトの言葉のほかに、マコト化した「本」何々によって語られる機会が増えた。むろん「本」の字によって伝えられた部分が、中世や近世の芸論のすべてを物語っているわけではない。それでも「本」の使い方や託された意味に、時代ごとの考え方の違いがよくあらわれている。

一方、江戸時代も後期に向かうにつれて観衆の好みも変化し、本物志向とは別のリアルを売り物にした舞台も好まれた。とりわけ江戸には、その場のアドリブや悪乗りを楽しもうとする気風があり、初代の桜田治助《さくらだじすけ》（一七三四―一八〇六）のような洒脱な作風が好まれた。治助は天明年間（一七八一―八九）を代表する江戸の立作者で、戯作者の山東京伝《さんとうきょうでん》（一七六一―一八一六）との親交が知られている。その京伝の『世上洒落《よのなかしやれ》見絵図《けんのえず》』（寛政三年、一七九一刊）には、当時の歌舞伎の並外れた「洒落」加減がいきいきと描かれている。

　京伝によると、そもそも芝居は勧善懲悪を本分としていたはずなのに、いつの頃からか大いに洒落てきた。観衆も理屈っぽい筋立てよりは目先の受けを狙った芝居を喜び、楽屋落ちを嬉しがるようになってきて、一段と洒落が効いてきた。今はもはや芝居そのものをやめてしまい、舞台上で役者の「内（うち。私生活）」をそのまま「正写《しやううつ》し」にしてみせると大入り満員になる。その結果、いよいよ羽目を外す状況にあった。

　そのように現状を述べたあと、洒落が効きすぎている実例を紹介している。たとえば舞台上に素顔で普段着の市川団十郎（五代目。一七四一―一八〇六）がいて、俳句の批評をしている。そこに団十郎の「ほんとう」の女房であるお亀が奥から出てきて、海老蔵はいったい何をしているのでしょうと案じる素振りをみせながら、縫い物でもしましょうという。それに合わせて、揚げ幕の内側から「若旦那お帰り」との声がかかる。素顔の海老蔵が、よそ行きの格好をして子の升五郎《ますごろう》に手を引かれ、押上《おしあげ》の妙見堂《みようけんどう》参りから帰る足取りで登場すると、観衆が沸きに沸いて鳴りやまない。

素の団十郎を、そのまま舞台に上げたかのようなやりとりが喝采を浴びていた。実生活の人間関係を観衆に供するのは、楽屋落ちの極みだった。これもエンタテインメントの一環であり、観衆にしてみれば、役者に対して大いに親近感が増したことだろう。

†真夏の怪談の始まり

歌舞伎作品の一ジャンルをなす怪談物にも、試行錯誤の歩みがあった。能楽の要素を受け継いだ歌舞伎では当初、幽霊を美しく幻想的に描いていた。江戸後期になると、ケレン（外連。仕掛け物や早変わりなどの演出）が活かされて、ホラーの作風が志向されるようになった。種々のからくりが考案されるのに応じて、仕掛けと一体になった芝居の研究も進んだ。その末に、虚構ともいえる幽霊や妖怪が一段とリアルに描かれていった。もはや人間ですらない「虚」の存在を、「実」つまり実体があるかのように見せる手法もまた、リアル志向の一端だった。その演出方法の一部に、本物の水が取り入れられていた。

歌舞伎の舞台で雨音を表現するには、以前から大太鼓が使われていた。より写実的にあらわすときには、柿渋《かきしぶ》を塗った渋団扇《しぶうちわ》に豆を糸でとじつけた雨団扇や雨車が用いられた。雨車は糸《いと》繰車《くりぐるま》に似た車の両端に薄い板を張って、内部にスペースをつくる。その中に砂利や豆などを入れて、回転させる。早く回すほど、激しい雨音を出すことができる。雨降りのさまは、こうして音響効果で表現されていた。

やがて本物志向から考案されたのが「本雨」だった。舞台の上部に水桶《みずおけ》を吊り上げ、空けた穴から竹の樋《とい》に水を流す。そこから舞台先に水を降らせた。雨水も含め、演出効果を狙って使用する本物の水を「本水《ほんみず》」と称した。その「本水」を用いた興行で成功を収めたのが、初代の尾上《おのえ》松助《まつすけ》（一七四四—一八一五）だった。

大柄で容姿に恵まれていた松助は、女形から立役をへて実悪《じつあく》（残忍な悪役）へと芸の幅を広げた。しかし還暦を過ぎる頃になると、人気は下り坂になっていた。その彼にとって起死回生となった怪談狂言が、文化元年（一八〇四）に初演された『天竺徳兵衛韓噺《てんじくとくべえいこくばなし》』だった。作者は、のちに『東海道四谷怪談』（文政八年、一八二五初演）を書いた四代目の鶴屋《つるや》南北《なんぼく》（一七五五—一八二九）である。『天竺徳兵衛韓噺』の成功をきっかけにして、松助は怪談役者としての名声を得た。南北の出世作にもなり、以後、亡霊や妖怪を主題にした怪談物が台頭している。

松助と南北の出世作は、夏場に初演された。夏になると芝居小屋が蒸し暑くなるため、もともと条件的に悪く客入りが少なかった。主役級の役者たちは、湯治や寺社めぐりなどの物見遊山にかこつけて、旅興行に出かけるのを慣例にしていた。本拠地の夏狂言では江戸に残った役者が大役を務め、新進の作者による意欲作が舞台化されるなど、新しい試みが叶う機会が多かった。そして文化元年、所属する河原崎座の夏の公演を引き受けた松助が、鶴屋南北とアイデアを練って『天竺徳兵衛韓噺』をつくり上げた。

寛永年間に天竺（インド）に渡った播磨国《はりまのくに》（兵庫県）高砂《たかさご》の漁師、天竺徳兵衛の逸話にもとづく物語が、巷には流布していた。それを初代の並木正三が『天竺徳兵衛《てんじくとくべえ》聞書往来《ききがきおうらい》』として作品化し（宝暦七年、一七五七初演）、大入りとなった。その後も天竺徳兵衛物《もの》は好評を博し、テーマ的には再三取り上げられていて新鮮味は薄かった。

そこで南北は各種のケレンを配し、怪談仕立ての『天竺徳兵衛韓噺』をこしらえた。江戸初期に天竺から帰還した船頭の徳兵衛は、朝鮮国王の臣下の遺児に設定されている。彼は父の遺志を継いで将軍の命を狙い、日本転覆をもくろむ。劇中で駆使する父譲りの妖術を表現するのに、種々の細工や仕掛けが幾重にも用意されていた。もとより松助は早替りや仕掛け物を得意にしており、亡霊の芝居に使われる早替りも絶妙だったという。最大の見所は、クライマックスにあたる滝川館の御殿の場面に仕組まれた、水中のからくりだった。

その場面に松助扮する越後座頭《えちござとう》（徳兵衛が化けた姿）が登場し、インドネシア風の木琴《もっきん》に合わせて越後節を唄う。怪しまれた座頭は、舞台の前面にある「本水」の張ってある庭の池に飛び込み、舞台の端から本物の水が吹き上げて観客席まで飛び散る。その瞬間に向こうの揚幕《あげまく》から「御上使《ごじょうし》」という声が聞こえ、賑やかな鳴り物とともに立髪《たてがみ》で長裃《ながかみしも》の上使（幕府から派遣された使者）姿の松助が花道から登場する。いずれも天竺徳兵衛の妖術という設定である。そこに本物の上使が登場して正体を暴かれ、徳兵衛の陰謀は失敗に終わる。

この見せ場で、松助が池の水槽に落ちてから再登場するまでが信じられないほど素早く、人間業とは思えなかったらしい。加えて異国からの帰還者という設定のため、キリシタンを臭わせる名称や呪文が所々に織り込まれていた。それがもとになって、キリシタンの邪法といった根も葉もない噂が出回った。ついには一日休場して町奉行所から実地検分される羽目になったが、この騒動は松助や南北にとって吉と出た。舞台裏に案内されて説明を受けた役人は仕掛けの巧妙さに感服し、上演の継続を認可したのである。

興行の評判はいよいよ高くなり、河原崎座は連日連夜の大入りになった。座元としては、この勢いが続く限りいくらでも上演したいところだったが、さすがに寒くなってきて水中の早替りが松助の身にこたえるようになり、やむなく打ち切った。それほどの人気作になったのである（伊原前掲書）。江戸歌舞伎史上、もっとも成功した「本水」だった。

それ以来、夏狂言なら松助が定番になり、死去する前年までのおよそ十年間、南北は松助のために毎年のように夏狂言を書いた。そうして松助の早替りや、からくりを仕組んだ怪談物が上演された。この流れは、やがて松助の養子（三代目尾上《おのえ》菊五郎《きくごろう》。一七八四―一八四九）による『東海道四谷怪談』に結実していく。

現在、怪談といえば夏の風物詩とされているのは、彼らの夏狂言のヒットにさかのぼる。暑いときに怪談を見ると、肝が冷えて涼めるというのは、後付の理屈だった。苦肉の策から生み出されたアイデアが世間に受け入れられ、定着したのが発端だった。その際に「本水」が重要な役割を果たしていた。蒸し暑い芝居小屋で水しぶきが撥ね飛べば、観衆にとっては納涼気分に浸れたかもしれない。

2 東西の医学思想

†解体新書という新書

江戸時代の往来物の業界では、少しだけアレンジされた「新編」がたびたび出版されていた。それらの教育効果は絶大だったが、目を見張る学術的なオリジナリティが一冊ごとに備わっていたわけではなかった。書籍に限らず、何らかの「新」情報に対する期待が盛り上がるためには、相応のレベルアップが欠かせない。そうして際立った業績が長年にわたって蓄積された末に、人びとはつぎの「新」なる一手に本気で期待を寄せるようになる。

将来的な信頼を勝ち取るには、一定の継続性が求められる。領域を江戸時代の学術に限定するにしても、たったひとつの「新」業績によって代表させるのは妥当でない。そこを差し引いても、『解体新書』の翻訳事業は出色だった。学術レベルで「新」の価値が認知されるのをうながした業績のうち、筆頭の座に位置している。現に、その視点に立って論述された明治時代の科学史の本も刊行されている。

ジャーナリストの土屋《つちや》元作《もとさく》（一八六六―一九三二）は、福沢諭吉（一八三四―一九〇一）が創立した新聞社の時事《じじ》新報《しんぽう》を皮切りに、毎日新聞や朝日新聞などで記者を務めた。大阪朝日新聞社に勤務していたときに、『新学《しんがく》の先駆《せんく》』（明治四十五年、一九一二刊）をまとめている。凡例に相当する箇所によると、もともと前年の八月から十月にかけて大阪朝日新聞に連載された記事だった。単行本化を望む読者の声に後押しされ、訂正や増補をほどこして世に出したとある。

この本では、明治期に普及した西洋の学術を「新学」と表現している。それに先立って開花した江戸期の蘭学（のちの洋学）を、「新学」発達の「先駆」と位置づけた。その上で「先駆」とみなした蘭学を、おもなテーマにしている。第一編「新学の輸入」の冒頭に置かれた「新学の紀元」では、蘭学の前史に少しだけ触れてから『解体新書』の翻訳事業について解説している。このように西洋の学術が「新」なる学術と評されるようになったのは、おもに幕末維新期からのことだった。明治末期に書かれた土屋の著書にある「新学」は、究極の表現だった。その「新学」の第一に、「解体新書」と題する「新書」が紹介されていた。

西洋の医術が普及する前、日本には種々の民間療法があった。東洋医学や哲学思想にもとづく医療として、漢方薬や鍼灸《しんきゅう》なども広く知られていた。その時代をへて織豊期に宣教師経由で伝えられたのが、南蛮流の医術だった。南蛮流によって国内に広まった医療技術のひとつが、傷口の縫合である。まだ知られていなかった戦国時代には、怪我人を治療するときにはもっぱら、民間療法の膏薬や温泉地での湯治などに頼っていた。

長崎出身の栗崎道有《くりさきどうう》(一六六四?―一七二六)は、祖父の代から続く南蛮流の外科医術を学んだ。出島を訪れたヨーロッパの医師らを介して、国内に広まった阿蘭陀《おらんだ》(オランダ)流の外科も習得すると、元禄四年(一六九一)に江戸へ出て幕府の官医になった。元禄十四年(一七〇一)、江戸城内で吉良義央《きらよしなか》(上野介《こうずけのすけ》。一六四一―一七〇二)が赤穂藩主の浅野長矩《あさのながのり》(一六六七―一七〇一)によって斬りつけられた際には、応急処置をほどこした。翌年、義央が赤穂浪士に討たれた際には首と胴体を縫合している。

こうしてヨーロッパの医術や、改暦に必要な天文学などの知識が国内に広まりつつあった。その有効性を評価した徳川吉宗は、享保五年(一七二〇)に従来の禁書令を緩和した。キリスト教の教理には直接関係のない自然科学系統の蘭書を、公認したのである。歴史的な「新書」が世に出るための下準備が、徐々に整えられていった。

『蘭学事始』は文化十二年(一八一五)、八十三歳の玄白が弟子の大槻玄沢《おおつきげんたく》(一七五七―一八二七)

に書き送った手記がもとになっていた。福沢諭吉の友人だった官僚の神田孝平《かんだたかひら》（一八三〇―九八）が幕末期に本郷の古書店で写本を見つけ、明治二年（一八六九）に刊行された。その『蘭学事始』によると、前野良沢（一七二三―一八〇三）らがオランダ語の解剖書『ターヘル・アナトミア』を和訳した。そして安永三年（一七七四）に『解体新書』が公刊された。

玄白は漢文で書かれた完成原稿をみずから清書し、客として何度か本を買ったことのある初代の須原屋市兵衛《すはらやいちべえ》に交渉して出版の約束を取りつけていた。江戸の日本橋にあった版元の須原屋市兵衛は、業界最大手の須原屋茂兵衛《すはらやもへえ》からのれん分けした店のひとつだった。蘭学者たちの著作を数多く手がけ、革新的な版元として知られていた。本屋仲間から海賊版を疑われる心配は少ないかわり、新路線ならではの気苦労も相応についてまわった。

結果的に好評を博した『解体新書』だったが、刊行前の玄白らは大きな不安を抱えていた。もしかすると幕府のお咎めを受けるかもしれず、そのため出版前の根回しに手を尽くしていた。編者に名を連ねた四人のひとりは桂川甫周《かつらがわほしゅう》（一七五一―一八〇九）という有能な若者で、将軍家のかかりつけ医といえる奥医師《おくいし》を務めた桂川家の三代目となる甫三《ほさん》（一七二八―八三）の息子だった。刊行された本は、現役の奥医師だった父の甫三を経由して将軍や大奥に献上され、うまく先手を打っていた。出版の前年には、予告編ともいえる簡易版の冊子『解体約図』を須原屋市兵衛から出し、世間の反応をうかがう周到さだった。

晴れて刊行された『解体新書』の凡例によると、「亜那都米《アナトミイ》」は「解体（解剖）」と翻訳することにした。「打係縷《ターヘル》」は「譜（表・図表）」なので、書名を「解体新書」にしたと述べられている。これだと「アナトミイ」をそのまま「解体」とあらわすのは納得できても、「譜」と「新書」の間には距離がある。凡例の別のところでは『ターヘル・アナトミア』が「原本」とも表現されているため、もとの本を日本語訳した「新書」の意とも考えられる。

これに関連する情報が『蘭学事始』に出ている。江戸の刑場で死亡した罪人の「腑分《ふわけ》（解剖）」をおこなった結果、『ターヘル・アナトミア』の正しさを実感して翻訳を決意した、あの有名なエピソードである。

> そもそも江戸にてこの学を創業して腑分といひ、古《ふ》りしことを新（た）に解体と訳名し、かつ社中（翻訳グループ）にて誰いふともなく蘭学といへる新名を首唱し……

この文の前半によれば、旧来の「腑分」を改めて「新」たに「解体」と訳出した。「解体」自体が、新しさのひとつだったため「新書」と銘打ったとも考えられる。引用の後半によると、「蘭学」という「新名」が玄白らの仲間内から出て普及した。彼らの真骨頂は、まさに「蘭学」というコンセプトを立ち上げたことにあった。ちなみに玄白は『蘭学事始』の中で、『解体新書』のことを略して「新書」とも称している。

『解体新書』の読者は「原本」の『ターヘル・アナトミア』を飛び越え、直接「新」なる訳書に接することができた。しかも原本の『ターヘル・アナトミア』は、明治期になってから広く世に知れ渡っている。「フルヘッヘンド（堆《うずたかし》）」の翻訳にまつわる試行錯誤といった『蘭学事始』のエピソードも、江戸時代ではなく明治時代の人たちに感銘を与えていた。先に「新書」がヒットしてから原典に光が当たる順序は、従来の「本」と「新」の関係を覆す江戸時代ならではの新展開だった。

†神経液流動説

すでに享保期には定着していた現代語的な「工夫」は、蘭学でも重んじられていた。杉田玄白の『蘭学事始』には、『ターヘル・アナトミア』の翻訳が種々の「工夫」の賜物だったと述べられている。

『解体新書』の凡例では、オランダ語を和訳するのに「翻訳」「義訳」「直訳」を用いたと記されている。「翻訳」とは、オランダ語に相当する日本語がすでに存在し、そのまま置き換えられるケースをいう。「義訳」とは、オランダ語に相当する日本語がない場合に、原語の意味を汲んで新語をこしらえる方式だった。「神経」や「軟骨」などが、これに相当する。どうしても「義訳」できなければ、間に合わせの「直訳」にした。オランダ語の発音に合わせて漢字を書き、それに振り仮名をつけて読み方を示した。訳語選びに奮闘する様子が、『蘭学事始』に語られている。

あるいは翻訳し、あるいは対訳し、あるいは直訳、義訳と、さまざまに工夫し、かれに換へ、これに改め、……

続く箇所では、推敲による書き直しが都合十一回に及び、四年の歳月を費やして完成したとある。新語をつくる創作も含めた試行錯誤が、「工夫」と呼ばれている。

ただし科学技術が徐々に発達するといっても、あくまでも長い目で見た場合の原則的な話にとどまる。個々の局面に焦点を当ててみれば、停滞期や後退期が訪れることも間々あった。その時代の政治情勢や社会状況によって研究が滞ることもあれば、学者自身が学術の方向性を見誤ることも珍しくない。華々しい『解体新書』の翻訳についても種々の課題があり、そのひとつが「神経」に関する誤解だった。

玄白は『蘭学事始』の序盤のところで、「義訳」の一例となった「神経」に触れている。『解体新書』にある「世奴（セイニー）」の記述によれば、脳と脊髄のところにあって視聴覚から皮膚感覚に至るまでつかさどっていると記述されている。これが「神経」と訳され、日本語に新語がひとつ仲間入りした。そこから「神経質な人」「神経をすり減らす」といった、今でも通用している慣用表現も生み出された。

しかし脳神経の分野は、人体を解剖しただけでは解明できない領域の最たるものだった。このことは西洋医学の段階から、すでに課題になっていた。神経理論に関する当時の主流は、十七世紀にイタリアで唱えられた神経液流動説だった。神経組織の中を流れる神経液という物質が、人体の末梢部分に至るとみなされていた（小川鼎三「解体新書の神経学」『順天堂医学』一五—一、一九六九年、所収）。たまたま『ターヘル・アナトミア』をまとめたドイツ人医師のヨハン・アダム・クルムス（一六八九—一七四五）が、この説を鵜呑みにしていなかった。そのため訳された『解体新書』でも、その部分はさほど目立っていない。

刊行当初から上々だった『解体新書』の評判とは裏腹に、手直しの必要性も徐々に感じられるようになっていた。とくに学者肌の前野良沢から見て、誤訳や意を尽くしていない訳語があった。玄白だけでなく、良沢の弟子でもあった大槻玄沢が全面的な修正を任され、四半世紀後に改訂版がまとめられた。さらに四半世紀をかけて、図版は西洋の銅版画を用いた精密なイラストに差し替えられ、改訂版の書名は「重訂《じゅうてい》解体新書」に決まった。もともと「新書」と銘打って世に出た本なので、そのさらなる「新編」にすると、「新」が重複してくどくなる。思案の末、最終的に「重訂」に落ち着いたのだろう。

この『重訂解体新書』は文政九年（一八二六）に刊行され、玄沢は翌年に亡くなっている。若手の弟子として玄白を支えていた玄沢も、オリジナルの『解体新書』から半世紀後となると、さすがに最晩年の仕事だった。

本書は文章で書かれた十三冊と、銅版画による図版一冊からなる。文章のうち巻一は序文や凡例、巻二から五が旧版『解体新書』の本文を再収録したもの、巻六から十三までが玄沢による新規の記述になっている。巻六以降は用語の解説や和漢の学説の紹介、解剖学の雑録などが収められている。つまり玄沢の意見が、分量的にもかなりの比重をもって書かれていた。そこに「霊液（神経液）」説、つまり流動説がくわしく記述されている。玄沢が取り寄せて研究した『ターヘル・アナトミア』以外の医学文献に、流動説を支持したものが多かったらしい。それを玄沢は、最先端の学説として強調していた。

杉田玄白の弟子で、一時期は玄白の娘婿でもあった宇田川玄真《うだがわげんしん》（一七六九―一八三四）の『医《い》範提綱《はんていこう》』（文化二年、一八〇五刊）も、「神経」の解釈については同様だった。冒頭の「総括」のあとに「脳髄」の「霊液」の項目があり、そのあとにも「神経霊液の道路」といった記載が出ている。本書は西洋の名医の本を数冊翻訳して簡潔にまとめ、解剖学だけでなく生理学や病理学もカバーしていた。平易な和文で書かれ、西洋医学の入門書として重宝されていた。漢文調を踏襲していた『重訂解体新書』よりも歓迎されて版を重ね、明治時代になっても医学校で教科書に使われている。

このように『解体新書』以降の医学研究が万事順風だったわけではなかった。局面の切り取り方によっては、後退と映る時期もあった。江戸時代の蘭学や洋学が「新」知識だからといって、日々真実に迫っているとは限らない。それでも学説上の推移やせめぎ合いとは別に、より「新」なるものをめざそうとする意識の部分では一致していた。

†杉田玄白版の養生訓

貝原益軒の『養生訓』では、「新し」と「鮮《あざ》らけし」の要素が別々に語られていた。その段階をへて、江戸時代も後期に進むにつれて両者の成分が組み合わされ、「新鮮」が成立している。「新鮮」は江戸後期の新語だった。

国語辞典や古語辞典などに載せられた「新鮮」の用例は、明治時代に書かれたものに集中している。大正以降の文献もある。そうなっているのは、採録された用例が文学作品を主体にしているからなのだろう。医療や健康に関する書物には、江戸後期の「新鮮」の用例が幅広く見出せる。ただし「新」と「鮮」がつなぎ合わされたからといって、ただちに現代語「新鮮」の完成ではなかった。初期は読み方もシンセンではなく、どう読ませるかは書き手に委ねられていた。そういう中間的なプロセスをへて、現代語の「新鮮」が確立されている。

その一例が、杉田玄白の『養生七不可《ようじょうしちふか》』（享和元年、一八〇一跋《ばつ》）にある。本書は健康や長寿のための心得を七か条にまとめた著作で、玄白版の『養生訓』でもあった。題名に「七不可」とあるように、日常生活の中で実践してはいけない七つのことを論じている。

末尾に書かれた執筆の経緯によると、玄白が古希《こき》（七十歳）をむかえる前年の享和元年（一八〇一）八月に、有卦《うけ》（陰陽道《おんみょうどう》で吉運の年回り。七年続く）に入ることになった。そこで子や孫が「福《ふく》」のフにちなみ、頭にフの字のつく七品で祝ってくれた。そのお礼に、玄白は彼らの長寿を願って本書を書いた。子弟たちにも配ろうと思ったが、さすがに気が引ける。だからひとまず印刷して家に保管し、贈りたい人たちにだけ贈る。そのぶんだけ用意しておけばいい、とある。少ない部数でも請け負ってくれる知り合いの版元かどこかで、印刷してもらったらしい。

七条にまとめる際の知識源についても書かれている。自分がまだ若かった頃から気を付けていたことをはじめとして、中国やオランダの大家が書き残した医学書から「養生の大要」といえるエッセンスを抜き出したとある。とはいえ全体的には『養生訓』に書かれていたような、不摂生を戒めるべきことが主軸になっている。

その第四条「正物に非ざれば苟《いやしく》も食ふべからず」は、風変わりなものを食べないように気を付ける心得になっている。最初に玄白はいう。食事は品数があまり多くないほうがよい。とくに「饐餲《いあい》」つまり時間が経過して色褪《いろあ》せた食べ物や、「魚鳥の肉不鮮《あたらしくなき》の物」は決して食べてはならない。こういった食事を摂ると、病気の原因になるという。魚肉や鶏肉の状態をあらわした「不鮮」の二字に「あたらしくなき」の振り仮名が添えてある。ここでは「鮮」の字と「新しき」ことが、漢字と振り仮名の組み合わせによって重ね合わされている。

なお本書の振り仮名は、漢字や漢語の右側につくものと左側と両方ある。両方書いてあるケースもあれば、片方だけの例もある。右側は通常の字音や字訓が多く、一般的な振り仮名になっている。左側は訓読、それも言葉の意味を和らげたような読みが与えられている。よって左側に添えてある場合は、もとの漢字表記がいささか専門的すぎるか、あまり一般的でないことを前提にしている。「不鮮」も同様で、振り仮名の「あたらしくなき」は左側に添えてある。当時、ポピュラーな表現ではなかったことがわかる。

このあと玄白は、推奨する食事について語る。「唯新鮮《あたらしくあざらけき》にして品数少（な）く食ふをよしとす」とあり、新鮮なものを少ない品数で食べなさいとくり返している。こちらは、漢字の「新鮮」をそれぞれ「あたらしく」「あざらけき」と読ませている。これも漢字の左側に添えてあり、右側にシンセンという振り仮名はついていない。

おそらく当時は、まだ「新鮮」の組み合わせが一般的でなく、一語にしてシンセンと読ませる日常語の域に達していなかった。だから玄白は字義に相当する訓読みを補って、説明的に表現したのだろう。しかし、つなぎ合わせて一語にしても問題ないくらい、玄白の中で「新」と「鮮」は近い関係にあった。そのことは、「不鮮」を「あたらしくなき」と読ませていた点にもあらわれていた。

ところで、最初にあった「饐謁」というむずかしい表現も含めて、右の言葉は孔子の『論語』巻五（郷党編《きょうとうへん》・第十の八）を下敷きにしている。飯の精米具合や、膾《なます》（細かく切って酢につけた魚肉）の厚みを気にしてはならないと述べてから、本当に気にすべきことを指摘している。それは、食してはならない危険な食べ物のことだった。

第一は「食の饐《い》して餲《あい》せる」もので、時間が経過して色褪せた飯のことをいう。二番目が「魚の餒《あさ》れて肉の敗《やぶ》れたる」もので、こちらは腐敗した魚や肉のことだった。それに続けて、変色した食品は食べず、悪臭のする食べ物は食べないとあり、このあとにも細かい項目が並べられている。この記載は益軒の『養生訓』巻三にも出てくる。こうして否定形で書き連ねられた言葉をひっくり返し、食べるべきものとして煎じ詰めると、玄白のいう「新《あたらしく》鮮《あざらけき》」になる。読みはシンセンでなくとも、意味上は現代語の「新鮮」にかなり近づいている。

最先端の西洋医学を国内に紹介した玄白でも、日常生活をベースにした予防医学では東洋医学的な教えが身近で役に立つと考えていた。そこには『解体新書』的な「新書」とは別の意味で、江戸時代風に進化した日本語「新」の用法を垣間見ることができる。それはフレッシュさを伝える「鮮」の意味を兼ね備えた、「新」の形成だった。

✝家庭の医学の集大成

さらに文献調査を進めていけば、『養生七不可』よりも古い書物から発展途上の「新鮮」が見つかる可能性は当然ある。あるいはシンセンと読ませた例も、すでにあるかもしれない。それでも玄白が書き加えた振り仮名のスタイルを見ると、『養生七不可』の頃の「新鮮」は、なおも過渡期にあったと想像される。

しばらくあとの時期になっても、玄白と同じように訓読みにされた「新鮮」も引き続き見られる。町医者だった平野重誠《ひらのじゆうせい》（一七九〇―一八六七）の『病家須知《びょうかすち》』にも、その例がある。独特の書名は、病人のいる「病家」なら「須知」つまり須《すべから》く（すべて）知っておくべきだとするポリシーに由来している。

重誠は江戸の薬研堀《やげんぼり》（現在の東日本橋）で開業し、地元の医療活動に尽力した。本書は天保三年（一八三二）から刊行され始め、三年後の天保六年に完結している。全八巻の大作で、江戸時代を代表する家庭医学百科になった。巻四末の奥付に記載されているように、本書は大手の版元から刊行された。江戸の須原屋茂兵衛を筆頭に、京都と大坂の大手と共同で出版され（「三都発行書肆《しょし》」とある）、合計で十社の名が連ねてある。

全体的に解説が詳細で、対処法や治療法の挿絵も多い。平易な和文で書かれ、漢字には口語調の振り仮名を多用し、難解な術語に補足的な意味合いを添えている。その表記法は、玄白の『養生七不可』にあった左側の振り仮名に通じる部分がある。

巻一に収められた「看病人の意得をと（説）く」の条では、病人のいる部屋で燭台《しょくだい》や火鉢などの火気を多用することを戒め、換気をうながしている。そのあとに病人の衣服を時々「新鮮《アラタナル》もの」に取り換えるように勧めている。それは汚れや臭いが付いたものを禁じることだ、とも付け足している。また巻三にある「乳不足したるときの心得を説（く）」の条では、諸外国の授乳に言及している。他国では、母乳のかわりに牛乳を使う例もあるらしい。「牛乳《ウシノチチ》新鮮《アタラシキ》もの」が毎日手に入るのも悪くない。しかし日本人に向いているだろうか、と疑問を投げかけている。

右の二例は、「新鮮」と書いて「アラタナル」ないし「アタラシキ」と読ませている。しかも「新」から「鮮」にまたがって、ひと続きの振り仮名になっている。「新」と「鮮」に別々の訓読みを当てていた『養生七不可』の例よりも、「新鮮」の語に一体感がある。この語が新たな日本語に追加される条件が、徐々に整ってきていた。

最終的に「新鮮」で一本化される前は、類似の表現もあった。そのひとつが「清鮮」で、大坂の適塾《てきじゅく》を主催した緒方洪庵《おがたこうあん》（一八一〇―六三）の『扶《ふ》氏《し》経験遺《けいけんい》訓《くん》』（安政四年、一八五七刊）に一例がある。本書は、ベルリン大学のクリストフ・ヴィルヘイム・フーフェランド（一七六二―一八三六）の内科書『医学必携《いがくひつけい》』（一八三六年）第二版のオランダ語訳を重訳したものだった。巻二に収められた「伝染熱」の条では慢性の熱病について論じ、伝染病の特色や感染してから症状があらわれるまでの経過が述べられている。

そのあと治療法の解説に進み、解熱の方法に触れてから換気に言及する。そこに「務メテ大気ヲ新鮮ニシ患者ヲ清楚ナラシメン事ヲ要ス」とあり、「新鮮」が使われている。少しあとには「大気ヲ清鮮ニセサルヘカラス」とも書かれている。この書き方によると、新鮮な空気の表現は「新鮮」でも「清鮮」でもよかったらしい。振り仮名がないので、読みはそれぞれシンセン、セイセンでよいのだろう。「清鮮」については、かつての『養生訓』で「清き、新しき」と併記していたのを一本化したような形になっている。

少し先回りすると、『医学必携』に書かれていた「清鮮」は明治時代になっても多少は使われている。ジョージ・フレミング（一八三二―一九〇二）の『乳肉鑑識《にゆうにくかんしき》』（明治二十年、一八八七刊）「乳汁之部」には「清鮮ナル乳汁ノ形状」の項目があり、本文では「新鮮ナル牛乳」と書かれている。ここでも二語が併用されている。こういう過渡的な段階をへて、「新鮮」が主流になっていった。鮮度に関する表現と「新」の一体化が実現し、「新」の用法に広がりが出てきた。この用法の歴史は、意外と古くないのだった。

3　復古から革新へ

†謡曲復活の試み

幅広い分野で「新」を重んじる学術が台頭した江戸時代には、「古」の価値を再認識しようとする動きも活発化している。平たく言えば振り子の揺り戻しであり、その代表例が国学の発達だった。江戸中期の頃、古代の文学や歌学について再検討する取り組みから着手され、最終的には幕末期の政治思想にまで影響を与えている。その国学が本格化し始めた頃、能楽と交わる独特の局面が生まれていた。

能楽は世阿弥の時代に大成され、浄瑠璃や歌舞伎が栄えた江戸時代になると、すでに主要な古典芸能の地位にあった。徳川家や大名家の保護を受けながら継承され、いわば「古」なる芸能の象徴になっていた。それに対して、国学という新興の「古」が干渉する形になり、結果的には実りのある文化交流に至らなかった。儒学にさかのぼる江戸時代の復古思想についてたどる前に、この局面について能楽の視点から追ってみよう。

大の能楽好きだった徳川家康は、幕府を開くと豊臣家の直属だった観世《かんぜ》、宝生《ほうしょう》、金春《こんぱる》、金剛《こんごう》の四座を大坂からお膝元の駿府に迎え入れた。地方の有力諸藩も幕府にならって、四座の弟子筋の役者を召し抱えた。三代家光から四代家綱にかけての頃になると、公式行事で演じられる芸能の式楽《しきがく》では能楽が慣例になっている。式楽といえば能楽とみなされるほど定着した。五代綱吉も将軍になる前から能を愛好し、江戸城で私的な催しを頻繁に開いていた。能楽師は武士と同格に扱われ、俸禄を与えられて生活が安定した。

しかし八代将軍の吉宗は、能楽との接し方を大幅に見直し、催しも縮小されていった。荻生徂徠の『政談』に収められた「能の事」によれば、能楽とは「費の夥しき物」つまり経費を食うものとされている。現在は武家の庇護のもとで伝統儀礼になっていて、ほかに代用が利かない。だが将来的には、簡素化していくべきだと徂徠は進言している。

ところが吉宗の長男で、九代将軍の徳川家重《とくがわいえしげ》（一七一一―六一）は能楽を愛好し、十代の家治も稽古に没頭していた。このとき能師範を勤めたのが、観世流の十五世大夫《たゆう》（家元）の観世元《かんぜもと》章《あきら》（一七二二―七四）だった。元章は江戸城をはじめとする各所での演能を統率し、寛延三年（一七五〇）には江戸の筋違橋《すじかいばし》で晴天十五日間の勧進能を興行した。その活躍ぶりから、観世流中興の祖とも称されている。文献の考証家でもあり、世阿弥の伝書を数多く書写している。

その元章に、能楽を見直す機会が与えられた。吉宗の次男だった田安宗武《たやすむねたけ》（一七一五―七一）に、依頼を受けたのである（中尾薫「田安宗武の能楽愛好――田藩文庫の能楽関係資料を手がかりとして」『フィロカリア』二四、二〇〇八年、所収）。宗武は荷田在満《かだのありまろ》（一七〇六―五一。荷田春満《かだのあずままろ》の甥で養嗣子）や賀茂真淵《かものまぶち》（一六九七―一七六九）を召し抱え、国学や歌学を学んだ学者肌の殿様だった。そこで元章は謡本《うたいぼん》（台本）の改訂から演出方法や装束、舞台で扱う道具の吟味などに至るまで幅広く対象にした。謡本の詞章（言葉）や節《ふし》（旋律）についても、一から見直した。宗武に仕えた賀茂真淵も、詞章の改訂に若干たずさわっている。

元章によって進められた能楽の見直しは、二百十曲におよぶ公式の上演演目を定めた『明和《めいわ》改正謡本《かいせいうたいぼん》』（明和二年、一七六五刊）にまとめられた。その一部をなす『二百拾番謡 目録《にひやくじゆうばんうたいもくろく》』の序文で、元章は今回の文化事業に取り組んだ事情を説明している。それによると、世阿弥は数多ある能の改作をおこなう時間的な余裕がなく、子孫たちにその役目を託した。そこで元章は、僭越ながら自分が取り組んだという。

今回の編纂事業ではどういう謡本を取り入れ、逆にどういう謡本を採用しなかったのか明示している。たとえ今も演じられている能であっても、「古意にかな（叶）はざる」つまり「古意」に合致していない作品は除外した。逆に、長く途絶えていた作品でも「古意にあ（合）へる」なら加えたと元章はいう。詞章に残された言葉を「古意」に近づけて論じたのは、国学が「古意」を探究する学問だったことによる。そこでいう「意」とは、詞章にあらわれた昔の人たちの心だった。

元章の頃になると、国学的な「古意」が説かれることはあっても、かつて世阿弥が語っていたような「本意」は論じにくくなっていたように思われる。なぜなら江戸時代も半ばになると、心の奥に秘めた本音の意が強まってきたからである。そうなると、本来あるべき「意」のことと受け取ってもらいにくい。あくまでも可能性のレベルながら、能楽に限らず「本意」をキーワードにした芸論が語りにくい時代をむかえようとしていた。

最終的にまとめられた元章の著作は、『二百拾番謡目録』も含めて「明和改正謡本」と名づけられていた。謡曲の「古意」を極めようとする復古的な改革が「改正」つまり「正」の名のもとに進められた。それは本来あるべき姿のことをいう「正」の用法の名残でもあった。江戸時代になっても、昔から伝わる価値を尊重しようとする分野では、過去を目標に掲げる伝統的な「正」がいくらか生き延びていた。

元章が『明和改正謡本』に加えた自身の新作台本が『梅』だった。本作に至っては、国学の考え方にもとづいて詞章に古語が多用されていた。そのため謡曲ならではのなだらかなリズムが損なわれやすく、案の定おおむね不評だった。元章の存命中は彼の意を汲んで適用されたものの、没後にはさっそく多くの作品が旧来の詞章にもどされている。

伝統的な詞章の文言を変えようとするのは、従来にない野心的な試みでもあった。元章にとっては復古的な取り組みのつもりでも、同時代の能楽関係者にとっては実質上、かつてない新企画だった。そうなると周囲の抵抗は大きく、実現の見込みは薄くならざるをえなかった。

†古学・蘭学・国学

新興の「新」と伝統的な「古」は、つねに対立する関係とも限らなかった。「古」の活動が原動力になり、かつてない「新」を生み出すケースも見られた。

江戸時代の学術の世界で、ひとつの出発点になったのが「古学」だった。古学派と称される儒学の先駆的な役割を果たしたのが、山鹿《やまが》素《そ》行《こう》（一六二二―八五）である。みずから「聖学」を唱え、のちに「古学」と呼ばれた。これに続いたのが、伊藤仁斎《いとうじんさい》（一六二七―一七〇五）の「古義学」や荻生徂徠の「古《こ》文辞《ぶんじ》学《がく》」だった。

宋代に朱子らが発達させた宋学ないし朱子学には、原典となる孔子や孟子らの教説にはなかった解釈が上乗せされていた。陰陽五行思想や老荘思想、仏教思想などが取り入れられ、もとの孔子や孟子の教えよりも抽象的な理論に傾いていた。そのため仁斎は、本来の教えに立ち返るべきことを説いた。できるだけ抽象理論を取り除き、実社会に根差した教学として解釈するように改めたのは、儒学の日本的な展開でもあった。その路線でさらに推し進め、独自の古典解釈を打ち立てたのが荻生徂徠だった。

古代中国の社会制度や慣習などを総称して「礼楽刑政《れいがくけいせい》」（『礼記』「楽記」）といい、徂徠はそれを実社会に役立てることを目指した。その「礼楽刑政」は『論語』以前の秦・漢時代に書かれた五経（『楽経』を加えた六経）などに「古文辞」という古語で記されている。だから直接、そこから学ばなければならない。そこで徂徠は漢文を読み下さず、古代中国語の文献として研究を進めた。最終的には宋や明の儒学ばかりか、伊藤仁斎の古義学派にさえ異を唱えた。

その古文辞学に傾倒していたのが、京都の漢方医の山脇東洋《やまわきとうよう》（一七〇五―六二）だった。当時の漢方も空理空論に流れる傾向にあり、人体の構造や病理について正しく知ろうとする機運が芽生えていた。東洋らの学派は古医《こい》方派《ほうは》と呼ばれ、実証を重んじた後漢の張仲景《ちょうちゅうけい》（生没年不詳）の『傷寒論《しょうかんろん》』などに立ち返ろうと努めた。

医療の分野で古医方派が台頭するのと、儒学の領域で古文辞学が支持されていく動きは相前後していた。理念的な要素をなるべく排除し、社会性や実用性を重んじようとする学術の動きが、各方面で巻き起こっていた。そして宝暦四年（一七五四）、東洋は処刑された死体による国内初の人体解剖に立ち会った。そのときの調査結果を取り入れて、国内初の解剖図誌の『蔵《ぞう》志《し》』（宝暦九年、一七五九刊）をまとめている。

東洋による人体解剖を知って、江戸にいた杉田玄白は大いに刺激を受けた。明和八年（一七七一）、千住大橋《せんじゅおおはし》のたもとにある小塚原刑場《こづかっぱらけいじょう》で前野良沢や中川淳庵《なかがわじゅんあん》（一七三九―八六）らとともに、処刑死体の解剖に立ち会っている。そのとき携えていたオランダ語の『ターヘル・アナトミア』の正確さを実感し、仲間とともに翻訳することを決意した。そのあたりのいきさつは、玄白の『蘭学事始』にくわしい。

一連の流れを整理してみると、古学から古文辞学をへて古医方につながる系譜があった。その古医方に触発されて『解体新書』が成立し、明治期に「新学」とも称された蘭学が発達した。この推移を極力簡略化すれば、学術上の「古」から「新」への移り変わりでもあった。双方に共通しているのは実証の精神であり、過去の文献を検証するか、外来の実証的な学術を研究するかの違いだった。

ジャンルの違いを超えて継承発展される道筋とは別に、古文辞学には別系統の新展開があった。同じ過去の文献でも、研究対象を中国から日本に移す橋渡し役を果たしていたのである。大陸渡来の「古」の思想よりも、在来の「古」の精神を探求しようとする動きであり、それが国学の発達につながった。

国学を大成した本居宣長《もとおりのりなが》（一七三〇―一八〇一）にとって、徂徠の語学的な研究方法は大きなヒントになっていた。遠い昔の和語を読み解くときに、漢学の知識や当世風の倫理観と切り離し、じかに接するよう努めたのである。中国思想に傾倒する徂徠の古文辞学を批判しながらも、研究方法では共鳴していた。

晩年の随筆集である『玉勝間《たまかつま》』は、宣長が亡くなる年まで書き続けられた。「学問して道をしる事」の条によると、人の道としての「道」を知るためには「漢意《からごころ》」を取り除くことが先決だった。「漢意」にとらわれている間は、いくら「古書」を読んで思案しても「古の意」を知ることはできない。「古のこころ」を知らなくては「道」を会得できない、と述べられている。江戸時代に発達した数ある学術のうち、「古」を志向する立場の最先端だった。

国学の研究が勢いづいたのは、田沼時代の前後だった。民間の学術研究や文芸活動に寛容だった老中の田沼意次《たぬまおきつぐ》（一七一九―八八）のもとで、蘭学も大いに活気づいていた。傍目から見れば、国学と蘭学はちょっとした洋の東西ないし新旧のライバルのように映ったかもしれない。だが実際のところ、衝突する要素は少なかった。宣長のいう「古の意」は、同じ「古」に属する儒仏つまり中国やインドの伝統思想を念頭に置いて発せられていた。西洋渡来の新学術に対して向けられたものではなかったのである。

しかし幕末に近づくにつれて、蘭学を生み出した西洋諸国が強大な国力で東洋に進出してくるリスクが高まってきた。蘭書や舶来品を手放しで歓迎するばかりでは済まされなくなってきた。近い将来、彼らが日本に接近して来たときのことを想定し、対策を立てておかねばならないとする機運も徐々に高まっている。

†本居宣長の進言

徳川治貞《とくがわはるさだ》（一七二七—八九）は、吉宗が育った紀州藩（和歌山県と三重県南部）の藩主で、享保の改革にならって藩政を運営した。倹約を奨励するなど、財政の立て直しに貢献したことで知られている。同藩の勘定方《かんじょうがた》を務めていた役人が本居宣長の門人で、その機縁から宣長は治貞の諮問を受けた。依頼に応じた宣長は、天明七年（一七八七）に『玉《たま》くしげ』と「別巻」を治貞に献上している。『玉くしげ』は政治の具体策について論じ、「別巻」はその裏づけとなる「古道」の心が説かれている。「別巻」は『玉くしげ』の題名で、寛政元年（一七八九）に刊行された。本編にあたる『玉くしげ』は『秘本玉くしげ』として、幕末の嘉永四年（一八五一）になってから刊行されている。

宣長は『秘本玉くしげ』で、自分などが進言するなど恐れ多いとひたすら謙遜しつつ本題に入る。そして目先の利益に踊らされてはならないことを、最初に指摘している。無教養な人は目先のことばかり「工夫」し、「根本の所」には気が回らない。近年はその風潮が露骨になり、「根本の所」に立脚した意見は「今日の用にたたず」即効性に乏しいと決めつけてしまう。そうして、まともに取り合おうとしないのが大きな間違いだと述べている。

つぎに宣長は、いくらか学問を聞きかじったような人を取り上げている。それによると、彼らは儒学を尊重して現在の政治に役立てようとする。多少は「根本」に近いが、時代や時勢の変化には対応できない。さらには学問的にすぐれていて「経済（経世済民）」にも通じ、昨今の実情にもくわしい人がいたとしても、儒者堅気の理屈っぽさがあると、かえって害になる。儒者は聖人君子を「本」にしたがるが、「国政の根本」は理屈どおりに改まりにくい。現に儒学の本場の中国で、太平の世が続いたためしがないとも述べている。

むしろ後世になるほど、つぎつぎに「新しき料簡」があらわれて、そのつど「新法」を立てようとする。何事も「旧（古）き」に拠って立つことを尊重せず、自分の狭い見識によって改革し、それを手柄にしようとする。だが「人の智恵工夫」には限度があり、軽々しく「新法」を実施すべきではない。むしろ万事にわたって時流に逆らわず、「先規」つまり過去の慣例などを守っていれば、多少の弊害はあっても大きな損失には至らない。しかも、たとえ良い「新規」でも人びとの不安を煽ることになり、かならず成功するとも限らない。だからなるべく「旧」に即して、微調整していくのが大切だと指摘している。

別の箇所では、政治力による急速な改革を支持しない理由が、さらに具体的に記述されている。もし何か悪いことが幅を利かせたとしても、そのうち収まったりするものだから、拙速に対応してはならない。たとえ有益なことでも「新規に」実行すると人びとも承知しがたく、かえって失敗しやすい。これまで長らく続いてきたことは、たとえ多少勝手が悪くとも慣れ親しんでいる。その点、どれほど有益でも「新規」だと煩わしく感じられる。そもそも世の中の良いことも悪いことも、「時世の勢」による。だから悪いことを取り除こうとしても善行を広めようとしても、即座に実行するのは悪手である。少しずつ実践するのが肝要だと、宣長はいう。『秘本玉くしげ』に説かれた進言を極力シンプルに要約するなら、「新規」を当てにせず「先規」を守るべきだ、となる。宣長が「新規」に賛同できない理由は、目先の利益に走る「工夫」のデメリットにあった。だが全面否定ではなく、むしろその社会的な影響力を認めた上での発言だった。日々の「工夫」がもたらす「新」生活に対して世間が寛容になりすぎたので、「工夫」が万能でないことを主張したともいえる。江戸時代なりの進歩思想に対して、警鐘を鳴らす声が早くも聞かれるようになっていた。

目先にとらわれるデメリットとして、宣長は「本の所」「根本の所」に考え及ばなくなってしまうと指摘していた。ここでいう「本」の中身については、当初「別巻」扱いだった『玉くしげ』にくわしく論じられている。主張の基本線は、政治体制や社会制度を頻繁に変える必要はないとするものだった。

同書によると、自分たちの「思慮工夫」による改変を良しとする中国は世の中の移り変わりも早い。日本はそういう変化が遅く、しかも遅い「道理」もある。記紀《きき》(『古事記』と『日本書紀』)をはじめとする文献を後世の脚色抜きでありのままに読めば、神代以来「神の御はからひ」によって導かれてきた。しかし神々にも善神と悪神がいるため、良いことばかりでなかった。戦乱のような「道理」から外れた出来事も、たびたび生じてきた。それもみな「しかるべき根本の道理」で、善にせよ悪にせよ片方だけ栄えることはない。その「妙理」をわきまえれば、人間の小賢しい知恵であれこれ目先の判断を下さないほうがよいと宣長はいう。

宣長のいう歴史の「本」や「根本」を人間性の次元であらわせば、性善説も性悪説も含まれていた。善悪が同居した初期状態であり、それが彼にとって本来あるべき姿だった。その状態から歴史が動き出し、吉凶があざなえる縄のごとく訪れる展開が思い描かれていた。個々の「工夫」によって技術力や情報量で「新規」が更新されたとしても、絶え間ない発展に結びつくわけではない。逆に、大きな災いを招くこともある。そのように受け止めていた宣長は、楽観的な進歩思想に否定的だったと考えられる。

最初のエコノミスト

宣長が活躍していた頃になると、政治や経済についてアドバイスする専門家もあらわれた。その代表格だった海保青陵《かいほせいりょう》（一七五五―一八一七）は、丹後国《たんごのくに》（京都府）宮津《みやづ》藩《はん》の家老の長子として江戸に生まれた。儒学については徂徠学に学び、のちに各地を遊歴しながら、諸産業の現場を視察する日々を送っている。

日本経済史上、青陵は経営コンサルタントの先駆けとも評されている。現代語と同じエコノミーの意で「経済」の語を用いた、早期の学者としても知られている。かつて太宰春台がまとめた『経済論』に掲げられた「経済」の語は、徂徠学が重んじてきた「経世済民」の略称だった。それに対して青陵が説いた「経済」論は、ビジネス目線の議論だった。

青陵は現実的な観点から財政を再建する具体策を講じて回り、晩年は京都に腰を落ち着けると著述活動に専念している。文化十四年（一八一七）に亡くなり、主著の一冊となる『稽古談』は、晩年に相当する文化十年（一八一三）の成立とされている。彼の著作の大半は何々「談」と名付けられ、実際に講義していた口調に近い形の平易な言葉遣いになっている。ひとつのテーマに対して、各地での経済興隆の取り組みを紹介しながら論じている。

最初に題名の「稽古」についての説明があり、「古《いにし》ヘト今トクラベ合セテ見テ、古ヘノヌキンデテヨロシキコトヲ、カンガヘテ用ユルコト」と書かれている。すぐれた「古」をもとに思案し、実社会に役立てることとある。その拠り所となる「古」の文献は四書よりも古い六経で、そこは徂徠学の流れを汲んでいる。

『論語』や『孟子』では、「聖人」の心構えとして、利他ともいえる「義」などの徳目が重んじられた。私利私欲としての「利」に走ることは戒められていた。青陵はそれを現状に合わないと退け、いかなる人間関係も基本的には「ウリカイ（売り買い）」にもとづくとみなした。オランダを引き合いに出し、「阿蘭陀ハ国王ガ商ヒヲスルト云」うとした上で「物ヲ売テ物ヲ買ハ、世界ノ理」ともいう（巻一）。彼が蘭学経由の「理」を思い描いていたことも指摘されている（青柳淳子「海保青陵における「理」の成立について——蘭学と新たな知性」『三田学会雑誌』一〇八—一、二〇一五年、所収）。

その視点は武家にも適用され、年貢米を売って換金し、生活費にあてている時点で商家と大差がない。しかも大名が家臣に知行米を与え（「臣へ知行ヲヤリテ働カス」）、家臣が大名に奉仕する（「臣ハチカラヲ君へウリテ米ヲトル」）。そのやりとりも「ウリカイ」同然だと述べている（巻二）。その武士が金銭を軽んじる儒学の教えを説く資格はないとして、商売人を下に見る武士の気風を批判している。春台が論じた「貴穀」「賤金」の視点とは、出発点が違っていた。「倹約」を唱えるだけでも不十分で、「根本」「本源」から改めなければならないともいう。

同じく青陵の晩年の頃に書かれたとされている『万屋談《よろずやだん》』には、人間の「智」や世の中の「工夫」と、社会の進歩に関する議論がある。青陵によれば、世の中の人はたいてい「智」の意味を知らずに「己が工夫にて巧みて」いるにすぎない。世間的な「智」は「先」つまり将来ばかりに関心が向いて「本の昏（暗）ふなるもの」だから、まったく油断できないという。ここにある「本」はモトと読み、現状認識が足りないと足元をすくわれかねないといった内容になっている。世俗の「智」が油断できない理由は、やはり江戸時代的な進歩の思想に対する懸念だった。比較的読みやすいので、原文を載せてみる。

進むは智のもちまへ（持前）なり。工夫すれば工夫するほど先へ先へと進むなり。先へ先へと進むは、段々に手本は見へぬようになる故に、真の智者、智を使はんとする時に必ず退くなり。退（く）故に、近き処（所）がよふ見ゆるなり。

青陵によると「進むは智のもちまへ」つまり「智」の一領域だった。だから「工夫すれば工夫するほど先へ先へと進む」が、進むほど「手本（手元）」が見えなくなってしまう。よって「真の智者」が「智」を使うときには、かならず「退く」ことも意識しておく。そうして「退く」からこそ、「近き処」がよく見える。このように青陵は、「進む」「智」と「退く」「智」の兼ね合いを重んじていた。世の中が徐々に改善されていくことを前提にした上で、頃合いを見計らってブレーキを踏む必要性を強調していた。

未来に「進む」ことだけが「智」ではないとする青陵の立場は、『秘本玉くしげ』に記されていた宣長の進言とも重なっている。改良を積み重ねていけばいくほど、潜在的なリスクが高まる恐れがあると彼らは指摘している。しかも青陵は、武士の経済活動を積極的に推進する立場だった。それだけ彼は、活動の行き過ぎを心得るよう戒める必要があった。

†新論の国防政策

幕末近くになると、「古」なる思想が「新」なる思想に転じる可能性が高まっていた。その一翼を担った水戸学は、水戸藩の第二代藩主の徳川光圀《とくがわみつくに》（一六二八―一七〇〇）にさかのぼる。光圀は学問の大切さを家中の武士たちに説き、日本の通史となる『大日本史』の編纂事業に着手した。その水戸学が独自の性格を持ち始めるのは、文化・文政期に藩政改革をめざして活躍した藤田幽谷《ふじたゆうこく》（一七七四―一八二六）以降だった。幽谷の弟子として、息子の藤田東湖《ふじたとうこ》（一八〇六―五五）とともに藩政改革にたずさわったのが会沢正志斎《あいざわせいしさい》（一七八二―一八六三）だった。

文政七年（一八二四）、イギリスの捕鯨船が常陸国《ひたちのくに》（茨城県）の大津浜《おおつはま》に接近し、船員が食糧を求めてボートで上陸した。正志斎はみずから取り調べにあたり、海外の動向に関する新情報を収集した。翌文政八年（一八二五）に『新論』を書き上げ、水戸藩の八代当主だった徳川斉脩《とくがわなりのぶ》に献上した。かつて尊王思想を唱えた山形大弐《やまがただいに》（一七二五―六七）の『柳子新論《りゅうししんろん》』（宝暦九年、一七五九成立）の原題は、「新論」だったともいう。また儒者で蘭学者の帆足万里《ほあしばんり》（一七七八―一八五二）は、神儒仏をはじめとする教学について論じた『入学新論』（弘化元年、一八四四刊）を書いている。「新論」は当時、珍しいタイトルだったわけではなかった。

正志斎の『新論』は、藩政改革の枠を超えて幕府の政治にも触れる内容だったため、当初は公刊されなかった。学者や政治家など一部の人たちに関心を持たれ、各地に写本が伝播している。正式に出版されたのは、原稿の完成から三十年以上経過した安政四年（一八五七）のことだった。アヘン戦争による清朝の敗北や、黒船の来航をへて危機感が高まってきた頃だった。『新論』の序文でも、欧米の海外進出と各国の植民地化に対する危機感が語られている。

本編は五論七編からなり、そのうち三編（上・中・下）を費やした冒頭の国体編では、神道思想について述べている。国内に普及した蘭学については「もと世に害あるものなし」（国体・上編）と認めつつも、批判的だった。聞きかじっただけの浅学の徒が盛んに宣伝して回っているため、過大評価されているという。しかし基本的には正志斎も蘭学を活用し、第四の形勢編では世界地理や世界史の流れについて、蘭学系統の知識を取り入れながら解説している。西洋の諸国がインド、東南アジアをへて日本の近海に迫りくるさまが描写されている。

第五の虜情《りよじよう》編では、欧米諸国が日本をうかがう実情を説き、危機に陥る筋道を予測している。彼らはまず貿易をもちかけ、目先の利益をぶら下げる。他方、キリスト教によって人心を惹きつけるなどして、日本を内側から傾けようとすると正志斎は考えた。織豊期のときもこの戦略を仕掛けられ、近年は清朝がターゲットになり、そのまま日本の港にも迫ってくる勢いだとある。ここまでが上巻の内容になっている。

下巻は、もしもの事態に備えるための守禦《しゆぎよ》編と、将来的な国家長久の計を論じた長計編で構成されている。守禦編では地政学的なことをふまえて侵略に対応する策を語り、長期戦を想定した食料の備蓄にも触れている。長計編では、ふたたび神道思想や国学思想にもとづいて論じている。最後に、各編のタイトルをつなげて「国体を明らかにし、形勢を審《つまび》らかにし、虜情を察し、守禦を修めて、長計をた(立)つる」とまとめている。伝統的な「忠孝」の考え方を拡張し、祖国や天皇家への「大孝」と幕府への「大忠」を心がければ「衆心」や「民志」をひとつにでき、国家の独立を保てるという。

江戸後期に書かれたあらゆる書物のうち、「新」の字がつくもので「新論」以上にシンプルな題名はない。内容的には、太古の昔にさかのぼる「古」の世界が詳述されながらも、一方では当時の世界情勢をめぐる「新」情報が同等にくわしく紹介されている。その上で題名に「新」を掲げているから、過去を尊ぶ意識を今後の国家運営につなげようとする意図のあらわれだった。ここでは「古」と「新」つまり復古と革新が、表裏一体の関係にあった。その上で正志斎は、題名を「古」ではなく「新」にした。それは彼の意識が、根本的に過去よりも未来に向いていたからなのだろう。

なお正志斎によれば、政治の舵取りは引き続き将軍家が担当する。尊王攘夷ではあっても、倒幕や王政復古につながる進言ではなかった。しかし黒船来航をへて駐日総領事との通商交渉ののち、徳川家や幕臣らに対する信頼が揺らぐようになると、情勢が変わってきた。『新論』

は尊王攘夷から倒幕に向かう機運の橋渡し役を担う、バイブル的な著作とみなされた。そして薩長土肥《さっちょうどひ》といった雄藩《ゆうはん》の出身者らに牽引された倒幕が実現し、江戸時代に幕が下ろされた。

世の中の進歩を楽観的に待ち望むよりも、行く末を危惧するほうが、未来を強く意識しやすい。もちろん事例や自分との関係性にもよるが、危機感にはおおむねタイムリミットがともなう。その中で、最悪のシナリオに至る前の解決や対応が急務となる。『新論』の「新」に見出されていた先進性への期待感は、不穏な未来に対する待ったなしの思いに突き動かされていた。

4　数学と天文学

†達人不在の道

江戸時代を通じて「新編」の『塵劫記』が刊行され続け、一方では関孝和らに牽引されて本格的な和算が発達した。従来は個人芸的なそろばんの「達人」が存在したが、研究が後世に引き継がれるようになると事情が変わってきた。基本的に、のちの時代の和算家ほどすぐれていることが明らかになってきたのである。その認識の変化が、一世限りの名人芸的な「達人」の存在感を脅かし始めた。遅かれ早かれ意識されることになる問題の核心に触れたのが、和算家の会田安明《あいだやすあき》（一七四七―一八一七）だった。

安明は出羽国最上《でわのくにもがみ》（山形県）に生まれ、地元で和算の素養を身に付けた。二十歳を過ぎると江戸に出て御家人株《ごけにんかぶ》を買い、鈴木家の養子になって鈴木彦助《すずきひこすけ》と名乗った。持参金を用意し、武士になるための資格だった御家人株を買うケースは、江戸時代も後期になるほど増えている。職務としては、御普請役《ごふしんやく》になった。普請つまり土木工事の担当として、鬼怒川《きぬがわ》や利根川《とねがわ》などの治水工事のために毎年各地に出張して現場監督を務めた。

和算では、関孝和の弟子筋にあたる江戸の大家だった藤田貞資《ふじたさだすけ》（一七三四―一八〇七）と競い合った。四十歳を過ぎた頃に十代将軍徳川家治《とくがわいえはる》（一七三七―八六）が死去し、それにともなう御《お》代替《だいがわり》としてお役御免（停職）になると、鈴木姓から会田姓にもどした。かえって和算に専念することができ、引き続き江戸で弟子たちを指導している。

版元の須原屋市兵衛は『解体新書』出版の十年後に安明の『当世塵劫記《とうせいじんこうき》』（天明四年、一七八四序）を出した。題名に「新編」の二字こそないものの、実質上は数ある「新編」『塵劫記』の一冊でもあった。序文で過去の「達人」に言及し、和算の「達人」のことをいう「達算」も使われている。すなわち吉田光由は「その世の達算」だったが、つぎつぎに「達人」が登場してもっと上、そのまた上の「術」を書きあらわした。だから現時点から見ると、昔の「達人」はみな「愚算」に等しい、とある。安明のいう「愚算」とは、後世から判断すると相対的に一枚劣って見えてしまうことを示している。
この視点は、歴史上の科学者の研究業績に対する現代人のイメージにも近い。いくぶん芸道寄りに受け止められていたジャンルが、少しずつ学術的な要素を身にまとう過程で生じてきた問題意識だった。
学術の位置づけに関する安明の相対的な評価方法は、のちの著作でも一貫していた。晩年に書かれた『算法天生法指南《さんぽうてんせいほうしなん》』（文化七年、一八一〇刊）は、和算の基礎から応用まで手際よくまとめられた名著として広く読まれた。序文の終わりに近いところで、安明は自身の研究活動を振り返っている。これまで五十年かけて取り組み、考案してきたものはたくさんあるとした上で、やり残した仕事について以下のように述べている。

限り尽すべき道ならねば、いまだ尽さざるものもあらん。ただ生涯この道を弄び楽（し）むなり。洩たるものは、後学の知考を俟（待）つのみ。

「算法」の「道」は、どこまで行っても頂点を極めることができず、自分の研究活動も例外ではない。だから今後は、この「道」を気軽に楽しみたいと語っている。また、これまで研究が行き届かなかったテーマについては「後学の知考」を待ちたいともいう。これから高みを究めようとする若手に対して、いわば道を譲る態度になっている。現在の自然科学の指導者や、ベテラン研究者が語る将来の展望とほとんど変わらない。

『算法天生法指南』の数年前にまとめられたのが、稿本の『算法千里独行《さんぽうせんりどっこう》』（文化四年、一八〇七）だった。この本によると、関孝和は「その時代の達算」で有名だった。彼の先行業績について、「その時代」と限定している。以下、孝和の弟子たちの名が並べられている。最近では藤田貞資らが「達算」として名高いが、彼らは「その世々（時代ごと）の達算なり」と書き添えられている。

続く一節は辛口のコメントで結ばれ、ライバルだった貞資らに対する対抗意識が行間からにじみ出ている。つまり彼らはまだ和算の本格的な幕開け以前の人たちだから、「真の達算」ではない。いわば下の上のレベルであり、鳥なき里のコウモリのようなもので、今の時代にくらべると大して誉めたたえるには値しない。ただ「その世々の達算」だと知るべきだろう、とある。現在とくらべると過去の業績は見劣りするから、あくまでも当時の「達算」と理解すべきだという。

途中に「鳥なき里のコウモリ（蝙蝠）」とある。このことわざは、鳥ほど空を自在に飛べないコウモリでも、目の上のタンコブとなる鳥がいない場所なら大空の覇者の顔をしていられることをいう。後世の発達どころか、他の地域にいる同時代の第一人者さえ視野に入れていない、いわばお山の大将といった意識を評したものだった。江戸の和算の頂点だった貞資を意識した部分も、当然ある。こういう辛辣な発言は、本屋仲間が間に入らず行事によるチェックもない稿本なら、気兼ねなく書き足せたのかもしれない。

かつて仏道や芸道の世界で語られてきた「道」とは、基本的にひとりの求道者として生涯挑み続ける修行の舞台だった。特定の家元によって代々継承される芸道でも、たとえば二代目と三代目はそれぞれに自身の「道」を模索する。最終的には、異なった個性が開花する。対する和算の「道」は、個性が百出しながらも一世一代で終わらず、後世に受け渡されて蓄積されていった。そうして複数の求道者で共有し合いながら推進させていく「道」は、それまでの芸道の継承とは異なる形で開拓されていた。個々の「達人」は不在でも、学者の「道」自体は存在する。それが学術の世界で意識された、「道」と「達人」との新しい関係だった。

今の自然科学の研究活動について、なかば修行の意味合いも込めて、自分たちの進むべき「道」と表現されることがある。そういう継承発展タイプの「道」は、江戸時代になってから意識されるようになったと考えられる。

†窮理・道理・円理

自然科学が日々進歩していくものだとすれば、完成された理論や学者など厳密には存在しないことになる。そうなると会田安明がくり返していたように、時代ごとに「達人」クラスの学者がいたことにしておけば、異論は出にくい。それでも蘭学の領域では、すぐれたヨーロッパの科学者のことを科学の「達人」と呼ぶことがあった。その際に「窮理《きゅうり》」が合わせて語られる機会があったのは、「窮」めることと「達」することの類似性を暗示している。理想のゴールに「達」することは、その道を「窮（極）」めることにも通じていた。

「窮理」は古代中国の『易経《えききょう》』に由来し、極めるべき「理」とは万物の根本原理をあらわした。もとからある真実でもあり、本来あるべき姿をいう「本」に似た部分もある。宋代の朱子が重視した「窮理」とは個々の事例を考察し、一貫して備わっている原理を見出そうとすることだった。儒学の歴史の上では「窮理」の再評価とも位置づけられている。そうして新たに解釈され直した朱子学が、日本に伝わった。

しかし日本では、抽象的な「理」自体があまり好まれなかった。「理」のつく言葉で、普段からよく口にされていたのは「道理」だった。日本思想史上の「道理」といえば、鎌倉幕府が制定した『御成敗式目』の一大特色とみなされている。過去の判例を重んじる「先例」主義とともに、よく知られている。その背後にあるのは、古くからの慣例や社会常識のことをいう「道理」を尊重する立場だった。江戸時代に『御成敗式目』が往来物として読まれたのは、根底にある考え方が江戸社会にも通用すると判断されたからなのだろう。

語句の構造から見た「道理」は、「道」における「理」のことだった。「道」つまりおのおのの領域ごと、さらには個別案件ごとの「理」を意味していた。分野やテーマが最初から限定されている時点で、おのずと具体性がある。その枠内で通用する「理」であれば、抽象理論に流れることはない。その意味で、世の大半の人たちにとっての「道」とは、実社会そのものだった。悟りや「達人」の高みを目指すために修行する「道」と解釈するのは、一部の専門家に限られたともいえる。

観念的で抽象的な「理」は、江戸社会の人びとから見ても現実味に乏しく、学者にとっても同様だった。京都の儒者の伊藤仁斎（一六二七―一七〇五）は「理を窮むるは物（具体的な物事）をもって言う」（『語孟字義』「理」）と述べて、「理」を倫理道徳の枠組みに限定した。人倫の道に近い「理」を想定していたのである。

荻生徂徠はこの立場を徹底させ、そもそも「理」など人知では理解できるはずもないから、「窮理」の修行も無意味だと切り捨てていた。また「理なる者は定準なき者なり」（『弁名』）ともいう。学者が勝手に「理」の基準を定めさえすれば、どのようにでも説明できてしまう。そのご都合主義的な解釈の余地を、徂徠は批判していた。

教学の世界や日常レベルでは疎まれがちな「理」が、学術の領域では独特の発展を遂げるケースもあった。和算では「円理」が盛んに研究されていた。関孝和の弟子だった建部《たけべ》賢弘《かたひろ》（一六六四―一七三九）は、荻生徂徠と同時代に活躍した和算家だった。賢弘は徳川吉宗が抱えた幕臣であり、徂徠は幕臣への登用を辞退しながらも吉宗の指南役を務めていた。

関孝和と建部賢弘の師弟によって確立された「円理」は、極限という考え方を用いていた。円弧の長さを求める方法から出発し、一般の曲線が囲む面積の計算などを可能にした。より正確な円周率を求める研究も含まれていた。しかし徂徠は、その「円理」にも懐疑的だった。土地の測量や改暦事業への貢献などは評価しつつも、最先端の「円理」は退けていた。

門人たちによってまとめられた『徂徠先生学則《そらいせんせいがくそく》』（享保十二年、一七二七刊）で、徂徠は自説を述べている。和算家たちは細かい技巧にこだわり、誇らしげだが「その実は世に用なし」で、実用性に欠けている。だから従来どおりの「古法」が、シンプルでよいという。続けて徂徠は、円周率の近似計算に触れている。円に内接する多角形の辺の数を増やし、周の長さに近づける作業を何万回おこなっても、何万分の一といった誤差が残り続ける。だから真の円周率には到達できないと徂徠は考えていた。

ここでいう「古法」とは、おそらく『塵劫記』に載せられていたような初等算術をさしている。そろばんを活用する実用的な計算こそ、実社会に役に立つと徂徠は考えていた。その点、彼から見た「円理」は学術的な「新」情報として、世の中に寄与するところが少なかった。この意見は、新興の学術としての「新」より「古」が大事と判断された例に数えられる。高度だがマニアックで実用性に乏しいとみなす辛口の評価は、今でもさまざまな領域で聞かれる。徂徠の言葉は、その先例でもあった。

†蘭学から窮理学へ

抽象的な「理」は、江戸社会に浸透しなかった。儒学の世界でも、朱子学由来の「窮理」を否定する荻生徂徠のような学者があらわれた。それと入れ替わるようにして、この二文字を旗印にしたのが蘭学者だった。その結果、「窮理学」といえば蘭学の代名詞になっている。

『蘭学事始』には、著者の玄白が友人の平賀源内（一七二八―七九）と「窮理」について語り合った日のことが出ている。知人を経由して『ターヘル・アナトミア』を見る機会があり、非常に興味深く感じた。だが残念ながら、解説のオランダ語が読めない。それでも「実験（実証検分。解剖）」して図を描いたのは間違いなく、しかも国内の解剖図とはかなり異なる。そこで、どちらが正しいのか確かめてみたいと思った、とある。そのとき初めて蘭書に接し、「和蘭実測窮理」の驚嘆すべきすばらしさについて、玄白は振り返っている。

つねづね平賀源内などと出会ひし時に語り合ひしは、追々見聞するところ、和蘭実測窮理のことどもは驚き入りしことばかりなり。

オランダ語訳の専門書を介して見たヨーロッパの「実測窮理」については、前のところに記載がある。それによると「実験」や検証をへて、物事の真理を極めようとする学術のことだった。だからもし蘭書を翻訳して読むことができれば、この上なく有益なのは間違いない。だが、そこまで蘭学に志が高い人がいないと玄白は残念がっている。そこでみずから立ち上がり、千《せん》住小塚原《じゅこづかっぱら》で死体の検分に立ち会った。それから前野良沢らとともに『ターヘル・アナトミア』の翻訳事業に乗り出していった。

玄白と良沢の弟子だった大槻玄沢は、「玄」白と良「沢」から一字ずつもらって「玄沢」と名乗った期待の新人だった。『蘭学事始』には、彼こそ「窮理学」向きの人物だと述べられている。なぜなら何か物事を学習するにあたって、みずから確認するのを怠らない。自分の中で不確実と思えることは、口にしない。気迫は感じられないが、地に足がついている。彼こそ、オランダの「窮理学」を学ぶために生まれてきた才人だと玄白はいう。彼の気質のように、とことん極めようとして取り組むのが「窮理」の学だったのだろう。

解剖つまり分析することによって、人体の構造やメカニズムの本質に迫ろうとする西洋医学は、ひとつの代表的な「窮理学」と認識されていた。他方、宇宙の構造やそのメカニズムに迫ろうとする天文学や物理学の世界もまた、「窮理」と呼ぶのにふさわしい学術と受け止められていた。『易経』や朱子学に由来するもとの「窮理」自体が、ある種の世界観や宇宙観といった壮大なテーマを論じた東洋哲学だった。そこから洋の東西の枠を越えて、西洋の天文学における「窮理」に転じやすかった。

漢訳本を経由して普及した西洋天文学の段階をへて、吉宗以降は直接オランダ語から翻訳する蘭学の時代が訪れた。長崎のオランダ通詞だった本木良永《もときりよしなが》（一七三五―九四）は、生涯にわたって十数種のオランダ天文・地理書を和訳した。晩年には、老中の松平定信（一七五八―一八二九）の命による翻訳にも取り組んでいる。地動説について論じた記述も少なからず含まれ、良永は国内で最初の紹介者とみなされている。同じく長崎通詞の出身で、良永の弟子でもあったのが志筑忠雄《しづきただお》（一七六〇―一八〇六）だった。

『蘭学事始』の後半には『解体新書』成立時に若手だった蘭学者たちの後日談などが記述され、最後に忠雄が紹介されている。彼は若い頃から病気がちで、オランダ通詞の職を辞して隠居した。それからは蘭書研究に没頭する日々を送り、玄白はその向学心を讃えていた。忠雄は生涯にわたって長崎から一歩も出ることなく家に籠《こも》り、他の学者と積極的な交流をもたなかった。そのため名前が知られるまでに、やや時間がかかった。

それでも遅かれ早かれ志筑忠雄の名は、江戸や京都にも鳴り響くようになった。玄白の弟子筋の大槻玄沢・玄幹《げんかん》（一七八五―一八三七）父子をはじめとする多くの蘭学者が、わざわざ長崎の地に足を運んでいる。五十年に満たない生涯だったにもかかわらず、忠雄は多くの翻訳書を残した。その中で「引力」「重力」「加速」「真空」「慣性」「地動説」「楕円運動」といった術語、つまり新しい日本語を数多くつくり出している。

その忠雄がオックスフォード大学の天文学教授ジョン・ケイル（一六七一―一七二一）の講義録を訳した。原著は『自然学入門』（ラテン語の原題は「真の物理学および真の天文学に対する入門書」）という。そのオランダ語訳本（一七四一刊）から抄訳したものが『暦象新書』（全三編）だった。寛政十年（一七九八）から享和二年（一八〇二）にかけて一年おきに一編ずつ刊行されている。この大仕事を完結させた彼は、それから四年後に亡くなった。

『暦象新書』は、地動説を日本に紹介した初期の文献のひとつだった。書名は『解体新書』と同じく、蘭学関連の「新書」に属する。この『暦象新書』には「窮理」や「達人」も出ている。自序でニコラウス・コペルニクス（一四七三―一五四三）の地動説を取り上げ、それを引き継いだヨハネス・ケプラー（一五七一―一六三〇）やアイザック・ニュートン（一六四二―一七二七）を近年の「名人」と評している。とりわけニュートンを「古今独歩の達人」と形容している。

> 近来にては、ケプレル天動一斉の数理を発明し、ニウトン万物一理に帰する事を説く。何れも名人なり。別《わけ》て（とりわけ）ニウトンを古今独歩の達人とす。

ケプラーが「天動一斉の数理」を「発明」し、ニュートンが「万物一理」に帰着することを導いたとある。東洋的な「理」の語が、西洋科学によって解明されてきた真理のことに転用されている。ニュートンを「古今独歩の達人」と評し、至高の「達人」の存在を認めている点で、和算家とは見方が異なっている。数学と違って、実社会をテーマにした天文や物理の世界は、人知で極めることが可能と考えられていたのだろう。

5　発明と発見の間

†平賀源内の評判

現在、平賀源内といえばエレキテルの発明で名高い。しかし江戸時代の文献にある書き方では「発明」の人でなく、むしろ種々の「工夫」が評価されている。理由の一端は、当時の「発明」が依然として現代語と同義でなかったことによる。

『蘭学事始』では、玄白が漢方医に向けて語った中に「発明」がある。『解体新書』によって西洋医学が「知り明《あき》らめ」られ、医者の大半を占めている漢方医にとって「発明ある種」にしてもらいたいと玄白は希望している。ここでいう「発明」は、前にあった「知り明らめ」ることに近い。儒仏思想の「発明」は悟りの境地を見出すことに等しく、その意味で玄白にとっては医学上の新境地を悟ることでもあった。

源内の生い立ちから振り返ってみると、彼は讃岐国《さぬきのくに》（香川県）の武家の出身だった。宝暦二年（一七五二）に長崎留学に出て、オランダの学術に接している。同四年に蔵番役の職を辞して浪人になり、江戸に出て本草学《ほんぞうがく》（薬物学）の大家だった田村藍水《たむららんすい》（一七一八―七六）に弟子入りした。源内の発案で宝暦七年（一七五七）から薬品会《やくひんえ》（物産展）が開かれ、蘭学仲間と交流をはかった。このとき若狭国《わかさのくに》（福井県西部）小浜藩《おばまはん》の中川淳庵を介して、同じ小浜藩医の子だった杉田玄白と知り合っている。

『蘭学事始』が語る源内は浪人で、本草学を本職にしていた。生まれつき賢い才人で、時代の流れを読むことに長けていた。長崎に遊学したとき、エレキテルという「奇器」を入手して江戸に持ち帰った。その「機用（メカニズム）」についてしばらく「工夫」した末に、世の人びとを驚かせたと書かれている。

輸入先のオランダでは、エレキテルが医療器具や見世物に使われていた。源内は長崎に滞在していたとき、破損したひと品を入手し、安永五年（一七七六）に江戸の深川で新たなコピーの製作に成功した。『解体新書』の刊行から二年後のことだった。

製作した翌年、源内はエレキテルを戯作の題材にした。『放屁論《ほうひろん》』（後編。安永六年、一七七七刊）では、主人公を務める浪人の貧家《ひんか》銭内《ぜにない》がエレキテルについて「人の体より火を出し、病を治する器」と説明している。医療機器なのに、見世物にして金儲けをしようとする安易な誘いを断っている。源内を投影した主人公は、人びとが知らないことを「工夫」し、エレキテルをはじめとして過去にない品々をつくった。ところが、世間から山師扱いされたと書かれている。自分の分身を借りて、世間の理解が及ばないことを憂いている。

　源内が復元させる前、国内に伝わったエレキテルは情報のレベルで国内に広まっていた。後《ご》藤梨春《とうりしゅん》（一六九六―一七七二）の『紅毛談《おらんだばなし》』（明和二年、一七六五序刊）によって、はじめて具体的に紹介されている。名称は「ゑれきてりせいりてい（英語の electricity に相当）」だった。痛みを持つ病人の患部から「火をとる器」とあり、医療用具として紹介されている。「ゑれきてり」の由来は、「この道具を工夫して成就したるときの人の名」つまり考案者の名前とされている。ここにある「工夫」も、現代語として読んでも違和感がない。

『紅毛談』から二十年ほどたってから出たのが、森島中良《もりしまちゅうりょう》（一七五六？―一八一〇）の『紅毛雑《こうもうざつ》話《わ》』（天明七年、一七八七序刊）だった。海外の地理や歴史、風俗から科学技術など話題が幅広く、満載の新情報が歓迎されて当時のベストセラーになっていた。中良は『解体新書』の奥付に名を連ねた桂川甫周の実弟で、のちに戯作者としての源内に入門している（万象亭《まんぞうてい》と称す）。蘭学が身近にある環境にいた中良は、自宅のエレキテルを自著で紹介していた。文字通り「エレキテル」と題された一条があり、『紅毛談』の図が正しくないので本物を載せたという。内部の構造を紹介した図版とは別に、静電気の実験をおこなっている三人の人物の挿絵も載せてある。ただし本文には源内の名がなく、彼の「工夫」云々とも書かれていない。戯作の師匠だった源内の名前は、伏せられていた。

むしろ『紅毛雑話』に紹介された源内の業績は、石綿《いしわた》製の火浣布《かかんぷ》だった。記述によると源内は中川淳庵と手を組み、秩父《ちちぶ》山中から産出する石綿を素材にして耐火織物を試作した。しかし繊維を折りたたむのが困難で、数寸四方しか織れなかったという。実質的な成果がともなわなかったためか、源内の「工夫」も出ていない。この件については、かつて源内も『火浣布略説《かかんぷりやくせつ》』（明和二年、一七六五刊）をまとめて世間にアピールしていた。だが石綿は実用化されるに至らず、源内がもくろんだ新事業は実を結ばなかった。

『蘭学事始』では、中川淳庵が「工夫」の人とされている。彼は手先が器用で、ものづくりが得意だった。原文には「奇器巧技のことを嗜み、自ら工夫を凝らして新製せるも少（な）からず」とあり、淳庵も源内と似た才能に恵まれていたらしい。引用の後半にある「新製」は、新たに製造するといった意味合いになっている。

それでも『紅毛雑話』の影響なのか、源内の業績に石綿が取り上げられることもあった。入我亭我入の『戯財録』には、源内の寸評が出ている。節分を思わせるペンネームの福内鬼外《ふくうちきがい》に続けて、「博学にて火浣布を織（り）出せし人物」と書かれている。

結局エレキテルは科学マジックの道具として知られ、源内が『放屁論』に綴った憂いは解消されなかった。京都の秋里《あきさと》籬島《りとう》（生没年不詳）の『摂津《せっつ》名所図会《めいしょずえ》』（寛政八年、一七九六―寛政十年、一七九八刊）には、大坂の唐高麗物屋《からこまものや》（輸入品店）が取り上げられている。描かれた店内には舶来品が並び、細工人の「大江某」がつくった国産のエレキテルが置かれている。静電気を体感する客も描かれている。異国趣味の機具の扱いで、源内の作と認識されているわけでもなかった。源内とエレキテルのつながりが強調され、「発明家」と呼ばれたのは明治以降だった。

蘭学者が語る発明

現代語にほぼ等しい「発明」が使われるようになったのは、明治時代からだった。維新をむかえてから急に変化したのではなく、江戸時代のうちに準備されていた部分もあった。その点についてたどる際には、「工夫」の変化が参考になる。

「工夫」の場合は、江戸文化の中で実現していた身近な創意工夫が、語義の変化を後押ししていた。すると理屈の上では、学術などのエポックを「発明」と表現する機会が増えていけば、現代語的な意味が拡大しうる。しかし小規模な改善レベルの「工夫」と違って、画期的な「発明」と認められるためには、それなりに大きな業績でなければならない。それだけ「発明」に求められる達成度は高く、「工夫」よりも現代語化が遅れたのは、もっともな話だった。

過去にないアイデアが閃いたとき、それを「発明」と表現すれば現代語のイメージに一歩近づく。しかし現代語の意味に達するには、閃くだけでは済まされない。生み出されたアイデアが実社会に還元され、または継承発展されて、その価値が広く認知されるまで見届けなければならない。しかも学術の発展を勘案すれば、後続の新研究によって過去の閃きが否定されるケースも多々ある。極論すれば、過去のアイデアの大半はいずれそうなる。

そうして否定されてしまった昔の「発明」なるものは、当時なりの閃きや思いつきの次元で受け止められる。現代語の意味から、かえって遠ざかってしまうのである。現代語の「発明」が成立する上で、その点もまた思いのほか高い壁になっていたと考えらえる。蘭学者の宇田川《うだがわ》榕菴《ようあん》（一七九八―一八四六）の著作に記述された古代ギリシアの学説は、現代語的な「発明」から外れてしまった実例になっている。

津山藩《つやまはん》（岡山県）の藩医でもあった榕菴の『舎密開宗《せいみかいそう》（化学入門）』は、日本で最初に化学を紹介した書物だった。西洋の化学書を各種参考にしながらも、翻訳してまとめただけでなく、みずから実験などをくり返して検証と考察を加えた。天保八年（一八三七）から弘化四年（一八四七）にかけて刊行されている。日本の化学研究の第一歩を記した貴重な文献として、彼の著作類は化学遺産の第一号に認定されている。

榕菴は『舎密開宗』の最初のところで化学の歩みを振り返り、古代ギリシアの自然哲学者について解説している。タレス（紀元前六二四頃―紀元前五四六頃）については「初めて水の純体（元素）なることを発明し」と評され、「発明」が一例ある。記録に残る最古の自然哲学者タレスは、世界の起源について従来の神話的な解釈を退け、万物の根源（アルケー）を水に求めた。すべてのものは水から生成し、また水に帰っていくと唱えた。

一方『舎密開宗』巻二の第四十六章「水之成分」には「水ハ純体ニアラズ。水素ト酸素ヲ以テ成ル」と書かれている。こちらは近代ヨーロッパ化学の研究の成果だった。水を水素と酸素の化合物とする今日の説は、フランスの化学者アントワーヌ・ラヴォアジエ（一七四三―九四）による燃焼理論の研究から導き出された。榕菴もその成果を学び、水素の燃焼実験図をみずから描いて巻三末に載せている。「水素」や「酸素」は榕菴の造語で、成分のおおもとに「素」の字をあてて表現したのも彼の創案だった。

よって『舎密開宗』に紹介されたタレスのアルケー説は、大昔に立てられた「発明」と読める。水の本質を正しく把握できた後世の立場からすると、一学者が思いついたアイデアの扱いにならざるをえない。科学史上は当時の最先端だったが、日本語の歴史として見れば、現代語と同義の「発明」とはいえない用法になっている。

一方では、現代語の「発明」に近い用法も成立していた。同じ蘭学関係の文献では、天文学や物理学の領域に実例がある。前掲の志筑忠雄『暦象新書』上編では、コペルニクスの地動説が紹介されたのち、ケプラーやニュートンらの名が出ていた。ケプラーが三法則を「発明」し、ニュートンが法則を体系化したと書かれていた。もう一度、同じ文章を載せてみる。

近来にては、ケプレル天動一斉の数理を発明し、ニウトン万物一理に帰する事を説く。

ケプラーやニュートンによって新たに構築された天空の理論が、忠雄によって「発明」と訳された。ここで肝心なのは、ケプラーやニュートンの説が現在も踏襲されている点にある。そのためケプラーの「発明」の箇所は、現代語の感覚に一段階接近している。

右のように現代語的な感覚で読むことのできる例が、『暦象新書』よりも前に、どの程度見出せるのだろうか。しばしば語源の研究に困難がつきまとうのと同じく、語義変化の起源もまた容易には解明できない。それでもある程度以上の規模の発見や新理論で、世間にも知れ渡ってポピュラーな業績は、おそらく大量にはない。その歴史的な事実が「発明」と翻訳され、史上初の業績であることを伝える用法が新たに加味されていった。

†発明品には特許権を

現代語の「発明」には、ものづくりの側面も大きい。閃きが形になり、製品化されて世に普及するといった流れである。そうしてものづくりの比重が高くなった現在の視点に立つと、悟りに至る閃きをあらわした初期の「発明」は、現代語の「発見」にも近い。悟りとは、その人なりの真実の発見でもある。

実際のところ、古語の「発明」は発見的な要素も兼ね備えていた。よって現代語「発明」が確立するまでの歩みは、発見の部分の分離と独立にかかっていた。その最終的なあらわれが、明治時代に翻訳語経由で広まった新語「発見」の普及だった。それまでこの言葉は、江戸社会にほとんど出回っていなかったのである。その点はすでに語源研究で明らかにされ、国語辞典や語源辞典などにも記載がある。

新語「発見」が普及していくさまは、幕末維新期に編纂された英和辞典の記述の移り変わりにあらわれている。幕府の洋学研究機関だった蕃書調所《ばんしょしらべしょ》の翻訳方《ほんやくかた》に、堀達之助《ほりたつのすけ》（一八二三―九四）がいた。彼が編纂した『英和対訳袖珍辞書《えいわたいやくしゅうちんじしょ》』（文久二年、一八六二刊）は、日本初の英和辞書となった。その増訂版（明治二年、一八六九刊）では「discover（発見する）」関連の語彙が「発明する」と訳されている。当時の「発明」に、発見の要素が色濃く残っていたことを端的に物語っている。派生語も含めて並べてみると、つぎのようになる（大文字による頭文字は原文のママ）。

Discover　発明する。見出す
Discoverer　発明する人
Discovery　発明

他方「invent（発明する）」関連語彙の訳語も、筆頭に「発明する」が置かれている。

Invent　発明する。考へ出す。作る。
Inventer　発明する人。考へ出す人。
Invention　発明。発明したる物

現代的な新開発もまた、当時の「発明」によってカバーされていたことがわかる。ただし「Invent」と「Inventer（inventor）」の二番目の意味に「考へ出す」と書かれているように、ものづくりの発明品よりも、それを生み出す発想力に比重があった。かならずしも造形に直結しない「発明」については、福沢諭吉の『西洋事情』にも用例がある。

西洋文明を紹介した『西洋事情』は幕末期から書き始められ、三編からなる。初編は慶応二年（一八六六）、外編は明治元年（一八六八）、二編は明治三年（一八七〇）に刊行された。初編の巻一では欧米諸国の政治経済や社会制度などを概説し、巻二以降は国別に記述されている。幕末維新期の人びとにとって格好の西洋入門書になり、ベストセラーとなった。日本で最初に、著作権の概念を紹介した書とみなされている。

　外編では人権や私有財産などの抽象的なテーマを多く取り上げ、巻三には「私有ノ本《もと》ヲ論ス」の条がある。「私有」の前提となる「勤労」には二種類あり、ひとつが「力ヲ勤労スル」肉体労働で製造業や運搬業にかかわり、労働の量が対価に比例する。それに対して「心ヲ労シテ発明ト工夫トヲ勤ムル」場合は、事情が異なるという。なぜなら「発明工夫」はもともと「無形」であり、「人身体中無形ノ部分タル精心ノ変動」だからなのだった。こういう「無形物」は「私有品」の対象にすることができず、他人が見たり聞いたりできるものでもない。

　しかし「事物ノ変化スル所以ノ理ヲ窮メテ」その「定則」を「発明セントスル」こと、つまり「窮理」の試みに関しては別だと福沢はいう。「定則ヲ発明スル」と、その情報が多くの人たちに伝わって感動をもたらす。さらにその「発明」を書籍にして出版すれば、一気に伝播する。通常の「勤労」とは異なる「無形ノ産物タル発明工夫」は「国家ノ大益」をもたらしたに等しい。だから「発明家」に対する相応の対価は、得られなければならないという。

そこで福沢は「無形」を有形にする方策を指南する。曰く、欧米の「文明国」では労働の対価が得られるように法律を定め、「勤労」への「報酬」を規定している。具体的には「蔵版（出版）ノ免許」や「発明ノ免許」の話で、前者が著作権、後者が特許権に相当する。「新奇有用ノ物ヲ発明スル」場合には、その内容を書面であらわして「品物ノ図」を添付する。もし図で説明しにくいものなら、造形して「雛形」を製造する。その書面に「発明者」の名前を記して「パテント・オフヒシ（特許庁）」という「発明免許ノ官局」に申請すると福沢はいう。場合によっては造形まで勧めている「発明」であれば、ものづくりにほかならない。

『西洋事情』は「無形」のアイデアが価値と利益を生むプロセスを示した。そうして考案者の「無形」の「勤労」が報われる法整備などが、明治時代に進められていった。それにともなって、頭脳労働から出発するものづくりの職人が「発明家」として確立された。日本語「発明」は、アイデア込みのものづくりと認識されていった。それと並行して「発明家」平賀源内のイメージが形成され、「工夫」の人から「発明」の人に位置付けられている。

発明品に特許が認められると、しばらくの間は利益が保証される。その事実もまた「発明」の語に対して、今後をイメージさせることになった。こうして現時点での能力をあらわしていた古語が、将来への期待を意識させる言葉にリニューアルされた。語義変化によって、今から今後に比重が移った「新」関連の語彙と重なる部分が感じられる。

第四章

変革期を彩る造語
——近代の「新」

福沢諭吉『訓蒙窮理図解』にある、虫眼鏡で物を焼く実験
（慶応義塾大学メディアセンター所蔵）

1　維新と文明開化

✝維新と一新の共通点

明治維新の「維新」は、古代中国の『詩経』（大雅・文王編）に由来することが知られている。その逸話によると、周の文王は殷《いん》王朝の紂王《ちゅうおう》のもとで、三公とよばれる重要な三人の諸侯の地位にあった。すぐれた政治を実現しながらも、最後まで殷の臣下として仕えた。対する息子の武王は、父が蓄えた国力をもとに暴君の紂王を倒し、殷を滅ぼして周朝を立てた。この展開をふまえ、当初は一地域に過ぎなかった周について「周は旧邦といへども、その命維《こ》れ新《あらた》なり」と記述している。

周は古い国だが新たに天命を受けたとあり、ここでの「新」は「旧」と組み合わされている。対する「維《これ》」は文のリズムを整えて強める助字で、言葉の本体は「新」にあった。この故事から広まった「維新」は悪い習慣や慣例などを改めることをいい、とくに政治や社会の革新をあらわすのに使われた。『解体新書』の成立から五年後にあたる安永八年（一七七九）、長崎の平戸に建てられた藩校の維新館《いしんかん》のように、江戸時代にも「維新」の用例は見られる。それでも世間の人たちにとっては、あまり馴染みのない言葉だった。

現在「維新」と呼び習わされているものは、当の幕末維新期にあっては「一新」が主流だった。慶応三年（一八六七）に出された王政復古の大号令の条文には「百事御一新」の文言がある。福沢諭吉の『学問のすすめ』（第五編。明治七年、一八七四刊）には「一新の後、いまだ十年ならずして、学校兵備の改革あり」などと出てくる。そのイッシンからイシンに切り替わるまでには、意外と時間を要した。

年号が明治に変わる頃になると、多少は「維新」の用例が見られる。慶応四年（一八六八）に柳河春三《やながわしゅんさん》（一八三二―七〇）が江戸で創刊した冊子型の中外新聞《ちゅうがいしんぶん》・第五号にある記事「博物園の儀につき建白書」（明治二年、一八六九年、二月）は、その一例となっている。新政府に提言した記事に「王政維新の際、人材を育するをもつて先とす」の一節が出てくる。早期の人材育成に役立てるため、植物園や動物園をつくるよう求めた提言だった。

この「王政維新」については、江戸時代の用例もあるとはいえ、基本的には前年の「王政復古」をふまえている。ちなみに福沢諭吉の『福翁自《ふくおうじ》伝《でん》』（明治三十二年、一八九九刊）の章立てにも、「王政維新」が用いられている。福沢にとっても、明治初期の政治体制は「王政」といった感覚があったのだろう。

明治時代をむかえた頃の「王政維新」は、往来物にあらわれていた。その一冊が『童蒙必読《どうもうひつどく》維新御布告往来《いしんごふこくおうらい》』（初編。明治五年、一八七二刊）だった。本文は「抑《そもそも》皇政復古《こうせいふっこ》、綱紀《こうき》御維新《ごいしん》」云々と書き起こされ、この十文字を略せば「皇政維新」となって「王政維新」に近づく。書名にも「維新」の二文字があり、題簽や内題に角書で書かれている。同じく題名にある「布告」とは、新政府が発布した法律や勅令などを総称した「太政官布告」のことをいう。そのため本書では、布告関連の用語を織り交ぜながら新政府の政策について述べている。後半では往来物らしく、学術に励むよう勧めている。明治政府は太政官布告を随時公開していたから、それを自力で読む能力を養う教材でもあった。

　翌明治六年（一八七三）に刊行された『学問の心得』は「王政御維新にて」から始まる。時代が変化しても学校の設立が遅々として進まない新政府の対応の遅れを指摘し、初等教育の重要性をくり返している。同じく明治六年に刊行された『習字勧商往来《しゅうじかんしょうおうらい》』の序文は「維新以来」から始まっている。世界地理の往来物で現実的な知識を身につけ、福沢の『西洋事情』で広い視野を持つようにうながし、毎日の読書を勧めている。勉学が商取引にも役立つことを述べて、序文が結ばれている。本文では「大政維新、普天率土《ふてんそつど》、治教洽浹《ちきょうごうきょう》、文明開化、輸出輸入、貿易繁多」といった具合に、漢字四字を一句とする用語を並べている。最初の「大政維新」も「王政維新」の類語だった。

　題名に「維新」を冠した往来物は、その後も続いている。ただし新政府と直接関係のない純粋な読み書きの教科書が増えるにともなって「王政」の二字は影を潜め、「維新」だけになっていく。それらの「維新」は、事実上「明治新編」といった前置きに等しい。明治ひとケタから十年代にかけての往来物には、この手の新刊書が多い。

さすがに二十年代以降になると、「維新」は広く知られた言葉になった。しかしこの二文字だけでは、必ずしも明治維新のことに限定されていなかった。明治中期の大国語辞典だった大《おお》槻文彦《つきふみひこ》（一八四七—一九二八）の『言海《げんかい》』（明治二十二年、一八八九—明治二十四年、一八九一刊）の「維新」の項目には「万事、新規になる事」とある。そのあとに「今、多くは、明治の新政の大改革の称とす」と補われている。わざわざ「多くは」と断っているように、明治維新以外の改革を称した例が依然として見られた。とくに翻訳書では、諸国の変革をさす場合もあった。

その一冊に数えられる『哲学通鑑』（ジョージ・レウエス著、明治十七年、一八八四刊）では、近代哲学の黎明期を「維新の時期」と表現している。また『近世戦史略』（ヴィアル著、明治十八年、一八八五刊）では火薬、印刷術、羅針盤の三大発明がなされた十五世紀を「維新期」と呼んでいる。もともと明治維新は欧米社会を手本にした改革だったから、西洋史上の改革を「維新」と訳出しても違和感はなかったのかもしれない。欧米諸国が過去に実現させてきた「維新」を、日本でも再現させると解釈できるからである。

ふたたび『言海』の「維新」にもどると、最初に「万事、新規になる事」とある。前政権の徳川幕府が『武家諸法度』に掲げていた、否定的な「新規」の面影はない。為政者が社会的な安定を願い、未知数の「新規」を警戒する時代ではなくなっていたのである。それどころか、明治政府が率先して「新政の大改革」に着手し、種々の「新規」を実践していくものと理解されている。他方『言海』の「一新」の項目には「旧きを革《あらた》めて万事を新にすること」とあるだけで、明治維新のことは書かれていない。この辞書が刊行された頃には、「一新」よりも「維新」として認識されていたことがわかる。

すでに江戸時代の段階で、今後を意識した「新」が各方面に登場していた。この一字を冠することができる領域がしだいに広がり、より遠い将来にまで意識が及ぶようになっていった。要は「新」で語られる規模が大きくなり、会沢正志斎の『新論』では「長計」の国家戦略を論じていた。明治時代には国政の方針が「一新」や「維新」の語で示され、世の中全体が「新」ステージに進みつつあると認識されている。

そこまで大きなくくり方が可能になると、逆風に立たされる「旧」の領域も相応に拡大されていった。王政復古の大号令にあった「旧弊御一洗」のように、江戸時代を過去の古い時代とみなす意識も高まったのである。つい先日まで身近に接していた思想や文化まで、いったん「旧」のレッテルが貼られると、その名誉が回復されるまでの道のりは平坦でなかった。

†窮理学から物理学へ

かつて「窮理学」と呼ばれていた学問は、現在「物理学」の名で知られている。前者から後者へのシフトは、明治時代に実現している。

江戸時代から続いてきた「窮理学」は、語義を絞りながら使われ、維新直後の民間に広まった。対する「物理学」は新政府、とりわけ当時の文部省が主体になって定着させようとしてきた。結果的に「物理学」で落ち着いたのは国の力ともいえるが、内容的にも「物理学」に分があって納得しやすかったと考えられる。

江戸中期以降、蘭学や洋学の代名詞になっていた「窮理学」は医学や天文学・物理学などを中心にイメージされていた。その上で、もう少し広義の西洋諸科学と理解されつつ幕末をむかえていた。その流れを変えて「窮理」の領域をもう少し限定したのが、福沢諭吉の『訓蒙窮理《きんもうきゅうり》図解《ずかい》』だった。明治元年（一八六八）の著作である。

日本初の科学入門書となった『訓蒙窮理図解』は、一八六〇年代にイギリスやアメリカで出版された最新の科学入門書を福沢が翻訳してまとめた著作だった。子どもたちが理解しやすいように平易な文章表現を用い、すべての漢字に振り仮名を添え、身近な実例をイラスト入りで示してあった。全体的に親しみやすくまとめられ、たちまち人気を博して明治四年（一八七二）に再版が出され、同六年（一八七三）には第三版が出版されている。この書物に触発され、明治五年から明治七年にかけて「窮理熱」と呼ばれる科学入門書の一大ブームが巻き起こった。

『訓蒙窮理図解』の凡例によると、聖人君子の道を説く昔気質の学者先生が「窮理の学」は有害だと主張することが少なくない。それでも道徳だけでなく、科学の知識も身につけることが大切だという。章立ては第一章「温気（温度）の事」第二章「空気の事」第三章「水の事」第四章「風の事」第五章「雲雨の事」といった具合に、身の回りの科学が取り上げられている。後半は第六章「雹雪露霜氷《へうゆきつゆしもこほり》の事」第七章「引力の事」第八章「昼夜の事」第九章「四季の事」第十章「日蝕《につしよく》月蝕《ぐわつしよく》の事」とあり、天文や地学関連の割合が高い。さまざまな自然現象を分析し、根本原理まで見極めようとする学術としての「窮理学」だった。

先進の「窮理学」の普及を妨げている伝統思想のうち、福沢がもっとも懸念していたのが陰《いん》陽五行説《ようごぎょうせつ》だった。この説は、自然現象に関わるすべての因果関係を、陰陽と五行（「木《もく》」「火《か》」「土《ど》」「金《ごん》」「水《すい》」）にもとづく変化と解釈する。漢代から唐代にかけて大枠が固められ、日本では吉凶を判断する占いの側面が強調されてポピュラーになった。歴史は長いものの、福沢にとっては迷信のレベルだった。『文明論之概略』の第二章「西洋の文明を目的とする事」では、「陰陽五行の惑溺」をぬぐい去らなければ「窮理の道」に進むことができないと主張している。陰陽五行説でいうところの「火」や「水」は、物理現象として扱える性質のものではなかった。

福沢の著作をきっかけにして巻き起こった窮理熱は、ちょっとした社会現象になっていた。その前から新政府は新政府で、今の物理学に相当する科目の名称をめぐって模索を続けていた。明治三年（一八七〇）に文部省が設置され、二年後の明治五年（一八七二）に学制令が公布された。同年の九月には「文部省布達番外《ふたつばんがい》」として「小学教則」が出された。「下等（現、小学校一年―四年）」から「上等（現、小学校五年―中学校二年）」まで八学年あり、科目名や一週間の単位数などが示されている。理科に相当する教科としては「理学」「博物」「化学」の三教科が設置され、物理学にもっとも近いのが「理学」だった。

この「理学」も「窮理」と同じく、朱子学でよく使われた。意味するところは、「窮理」の対象となる「理」に取り組む学問のことだった。それら二語を受け入れた日本では、蘭学や洋学が「窮理学」と呼ばれるようになったこともあり、ヨーロッパの諸学術を「理学」と称する機会も増えていた。当初、文部省はその「理学」を物理学の意で使ったが、ほどなくして差し替えている。「小学教則」に記載された「理学」の呼称は、短期間に二転三転した。明治五年九月の時点で「理学」だったものが二か月後の十一月には「究理学」に変わり、翌明治六年の五月には「物理学」に改称されている。

「小学教則」が出された明治五年には、文部省に入省した片山淳吉《かたやまじゅんきち》（一八三七―八七）が『物理《ぶつり》階梯《かいてい》』を刊行している。この本が日本初の物理学の教科書になり、何度も版を重ねたことによって「物理」が全国的に浸透していった。江戸時代の用例が少なく、世間的な認知度が低かった「物理」には新しい響きがあり、インパクトがあった。「階梯」とは梯子《はしご》のことで、段階的に学ぶ入門書をあらわしている。

書名の「物理階梯」は文部省が決めたもので、著者の片山は「理学啓蒙」にするつもりでいた。本文の前に置かれた題言では、「理学」の二字がくり返されている。ほかには「究理」や、同じく朱子学由来の「格物」といった用語も混じっている。そうなると、文字通り看板だけ「物理」に付け替えた感がある。当の片山にとってさえ、予想外だった可能性がある。翌明治六年の「小学教則」よりも早い段階で、文部省は「物理」に舵を切っていた。

こうして文部省が「理学」を外していったのは、語義が広すぎると判断されたからなのだろう。それは蘭学や洋学の発展をへて、江戸時代語の「理学」が取り入れていったテリトリーの広さだった。この幅広さは明治時代にも踏襲され、たとえば明治中期の『言海』で「理学」を引くと「物理学、天文学、化学、地質学、生理学、解剖学、博物学、等の総称」とある。筆頭の「物理学」以下、多くの学術も含めた総合的な名称と書かれている。

つぎに『言海』で「物理学」の項目を引いてみると、「理学の一部。万物の形体現象の性質作用を知る学。窮理学」と書いてある。すでに「窮理学」は古い名称になっていたらしく、末尾に書き足されるだけになっている。注目に値するのは、最初に書かれている「理学の一部」

の部分である。ここに明記されているとおり、そもそも「物理学」とは「物理」の「学」ではなく、「物《ぶつ》」の「理学」だった。その意味で、片山の著作に与えられた「物理階梯」の新しさは、「物理」の二字で区切ったことによる新奇さでもあった。

するとと文部省は、学術のいくつかを「心理学」や「性理学」のように何々「理学」の形で切り揃えたかったのだろう。物理の場合は、研究対象となる「万物」の「物」を加えて「物理学」にしたと考えられる。「小学教則」に記述されていた「理学」が「究理学」をへて「物理学」に改められたのも、学術の領域を絞って具体化するための名称変更と解釈できる。片山の著書が「理学啓蒙」から「物理階梯」に改められたのも、同じ理由と考えられる。

右の理屈からすると、「窮理学」もまた何々「理学」のひとつには違いない。しかし「窮理学」の「窮」は、研究対象を特定する語ではない。どちらかといえば、「窮(極・究)める」研究姿勢をあらわしていた。しかも実際問題として、「理」なるものが完全に「窮」まる見通しも立ちにくい。そうなると「窮」は学術の進歩を前提とした考え方に馴染みにくく、学術用語から浮いてしまわざるをえない。この点については、和算の発達にともなって到達の「達」を用いた「達人」が唱えにくくなった事実と重なって映る。

現代の科学理論としての「理」は、いわば暫定の真理であり、現時点で最善の仮説でもある。それを検証しながら新しい仮説を立てて、より真実に近い部分に迫るアプローチ法になっている。改善の余地はつねにあり、完成した状態に到達できたと考えるのは、学者の研究姿勢としてはおこがましいのだろう。努力目標として最終的な真実が想定されているにしても、改善された「新」なる論は絶えず生み出されていく。そういう認識が支配的になると、その流れに不向きな語彙は淘汰されていくことになる。

なお福沢の『訓蒙窮理図解』が執筆されるまでの経緯については、のちに福沢自身が回顧した文章が残されている。明治三十一年（一八九八）、自身の全集となる『福沢全集』が時事新報社から刊行されたとき、第一巻の最初に主要な作品をみずから解説した「福沢全集緒言」が収録された。原稿は刊行の前年に書かれている。この頃には現代語と同じ「物理学」がすでに定着し、福沢は『訓蒙窮理図解』を「物理」の本だとくり返している。『言海』以降になると、「理学の一部」という認識も徐々に薄れていったようである。

†西洋偉人列伝

教育家で知られる中村正直《なかむらまさなお》（一八三二―九一）は、幕末期に幕府のイギリス留学生の監督として渡英し、帰国後は静岡学問所の教授に就任した。その彼が教授時代に翻訳したのが、イギリス人サミュエル・スマイルズ（一八一二―一九〇四）の『自助論《セルフ・ヘルフ》』だった。初版は一八五九年に刊行され、中村は知人から贈られた一八六七年刊の増訂版を底本にして翻訳した。明治四年

（一八七一）に『西国立志編《さいごくりっしへん》』と題して世に問うている。版元は江戸時代から引き続き大手だった須《す》原屋《はらや》茂《も》兵衛《へえ》などが手がけ、福沢の『学問のすすめ』と並ぶ明治時代の二大啓蒙書になった。明治の末期頃までに、百万部以上のセールスを記録している。

タイトルの「自助論」とは「天は自ら助くるものを助く」というスマイルズの言葉を凝縮したものだった。自分の内面を磨き上げ、努力目標を達成した各界の偉人たちを三百数十人も取り上げている。中村が訳した増訂版にあるスマイルズの自序では、偉人たちが大別されている（以下、カッコ内のカタカナはふりがな）。「文人（リテラリー）」「学士（サイエンティフィックメン）」「工芸の人（アーチスト）」に続いて「新術新器を発明する人（インベンターズ）」があり、「invent」が「発明する」と訳されている。

本編はテーマごとに全十三編に分けられ、本来あるべき「自助」の姿として「勤勉」「忍耐」「節約」などの重要性を説いている。このうち「勤勉」と「忍耐」をテーマにした項目に、たびたび「工夫」や「発明」の語が出てくる。

第二編のタイトルには「新械器を発明創造する人を論ず」とあり、偉人ごとに成し遂げた業績が語られている。タイトルにある「新機器」の「発明」とは、現代語的なインヴェントの意に読める。この例に限らず、総じて個々のタイトルには最終的に到達した業績が端的に示され、おのずと「発明」の語が目立つ。対する本文では、目標が達成されるまでのプロセスがくわしく語られるため、「工夫」の頻度が高い。

第二編の第七・第八話では、ジェームズ・ワット（一七三六―一八一九）について取り上げられている。ひとつ前の第六話「蒸気機器（スチームエンジン）の創造のこと」では、ワットに先立つ草創期の開発が語られている。それによると蒸気機関は機械装置の王様であり、開発しようと思った人は数百年前からすでにいた。ほかの機械類も、誰かの独力で完成させたのではない。先人が苦労して研究したものを、後世の人が受け継いだ。そうして「勉強労苦して、工夫を下し」て徐々にグレードアップしながら、数世代にわたる蓄積をへて完成させたとある。和算の世界で実現していたような、継承発展が可能な「工夫」のことが指摘されている。

第四編のタイトルは「勤勉して心を用うること、および恒久に耐えて業をなすことを論ず」とあり、コツコツと努力した偉人たちが名を連ねている。総論にあたる第一話の小見出しには「大功業は、平常なる工夫によりて得らるべし」とある。大事業を達成するにあたっては、奇をてらった方策など必要ない。また偉大な才知もいらない。ひたすら「工夫」あるのみだから、ごく平均的な能力の人でも目標を成し遂げられると書き出している。第三話からは具体例の紹介に進み、タイトルは「ニュートン、ケプラー、みずからその学問をなせし工夫を語る」となっている。ニュートン本人の言葉も織り交ぜて、たゆまぬ「工夫」が語られている。

それによると、ニュートンはリンゴが落ちるのを見て地球に引力があることを「悟り」、そこから「日月星運行の理を悟れる」くらいの稀代の学者だった。あるとき、どのような「工夫」によって「大発明」に至ったのか尋ねられると、常日頃からこのことを考えていたのでわかったと答えた。ともすると彼は、リンゴの落下を見て即座に万有引力に思い至ったように語られている。しかし普段から思いめぐらせていたからこそ、たまたまリンゴが落ちたタイミングで気づいたにすぎない。普段からの地味な積み重ねによる「工夫」の賜物であり、そこが大切だとニュートンは答えていた、とある。

第五編の第三話にもニュートンが登場し、達成された「発明」の視点からリンゴのエピソードが改めて語られている。「偶然発明」したと称する話が古くからいろいろあるが、細かく分析してみれば、本当に偶然の産物だったケースはかなり少ない。そう思われていることはたいてい、細心の注意を払って研究した末に、ふと「解悟《かいご》する」機会が訪れることにほかならないという。このような文脈で述べられた「偶然発明」の「発明」は、なおもディスカバーに近かった。『西国立志編』には、新旧の「発明」が織り交ぜられていた。

†文明開化の掛詞

和歌の掛詞とは、同じ音で意味の異なる二語を掛け合わせて、一語に二つの意味を持たせる技法のことをいう。では語義変化を起こした言葉について、昔の意味と今の意味を掛け合わせる技法があるとしたら、何と称したらよいのだろうか。それも掛詞に含めてよければ、福沢諭吉は「工夫」と「発明」について、それぞれの掛詞を用いた文章を書いていた。語義変化が進行中の過渡期だった明治時代だからこそ成り立つ、時期限定の掛け合わせだった。

世界史的な推移から振り返ってみると、欧米では産業革命や科学技術の発達を背景にして十八世紀に啓蒙思想が台頭していた。世の中は日々進歩するという考え方も、徐々に根づいていった。その考え方を後押しする著作のひとつが、フランスの思想家で数学者でもあったニコラ・ド・コンドルセ（一七四三―九四）の『人間精神進歩の歴史』（一七九五年刊）だった。本作は、人間が自身の完成に向けて無制限に進歩することを展望している。当時のコンドルセは社会の革新に期待し、フランス革命にも積極的に参加していた。自著に書いた予測が実現するのを切に願う立場でもあり、現在では楽観的な歴史観とも評されている。

そのような進歩の思想が幕末維新期の日本に伝わり、文字通り「進歩」の名で大々的に唱えられた。文明開化の幕開けを告げる新しいキャッチフレーズとして、盛んに持てはやされた。フランスの政治家で、歴史家でもあったフランソワ・ギゾー（一七八七―一八七四）の『ヨーロッパ文明史』（一八二八刊）といった書物が、広く読まれるようになった。その潮流に乗って、翻訳語の「進歩」も耳慣れた言葉になっていった。文明論や「進歩」を説いた新刊書には、現代語的な「工夫」も頻出している。

福沢の『文明論之概略』（明治八年、一八七五刊）は、タイトルにある「文明」のほかに「進歩」や「工夫」の語も目立って多い。とくに「進歩」と「工夫」の関係に着目し、かなりのページ数を割り当てている。第一巻第二章の「西洋の文明を目的とする事」には「文明の齢」と形容されたテーマが立てられている。「文明」が発達していく過程を人類の成長に見立てて、第一「野蛮」第二「半開」第三「文明」の三段階に分けている。

福沢によると、第一段階の「野蛮」は定住しないで狩猟や漁労をくり返す時代のことだった。道具類の「工夫」を知らず、みずから「工夫」を巡らす意識に欠けている。これが第二の「半開」に進展すると、農業が普及して家屋が立ち並び、町や村が成立して国家が形成される。文字はあっても「実学」は未発達で、まねるのは得意だが「新に物を造るの工夫」には乏しい。また「旧」なるものを学習することはあっても、改良するところまでは考え及ばない。幕末維新期の日本はこの第二段階にあり、文明開化の道半ばにあるから「半開」なのだった。対する第三段階の「文明」時代は、「工夫も起り」云々と高く評価されている。

第三章の「文明の本旨を論ず」では、福沢が思い描く「文明」の条件が改めて語られている。「文明」については「安楽と品位との進歩」と定義している。「文明」のレベルに達しているかどうか判断するには、社会的な安定度や成熟度の「進歩」を見極めなければならない。結局は、人間の「智徳の進歩」によって決まるという。

その「智徳」について、福沢は第六章にある「智徳の弁」のところで「智」と「徳」に分けて分析している。「智」とは学術的な「智恵」であり、「徳」は道徳的な「徳義」でもあった。「智恵」は学べば学ぶほど身について前に「進む」ことができ、「退く」ことはない。しかし「徳義」は教えたり学んだりするのがむずかしく、心の「工夫」しだいで「進退」する。

ここでいう「進退」とは、文字通り進歩と退歩を足し合わせたもので、後退するリスクを抱えている。つまり「智恵」の「工夫」は「進歩」をもたらすけれども、「徳義」の「工夫」は「進退」を招きかねないと主張していて、対照的な評価になっている。心の修養と技術の改善が同居している「工夫」の語に着目した福沢は、この一語の使い分けによって「智恵」と「徳義」の性質を描き分けたのである。

第六章の「智徳の弁」では、新旧の「発明」を使い分けている。福沢によると、「智恵」があれば便利でないものを便利なものに改良でき、やがてもっと便利なものが取って代わる。たとえば「馬車を工夫し蒸気車を発明」してきた。そうして日々発達する「工夫」や「発明」にくらべると、「徳義」は変化に乏しい。キリスト教の十戒や、孔子の五倫《ごりん》（人の守るべき五つの道）がそうだった。だから「徳義」は、後世になっても「進歩」しようもなかった。しかし科学技術は、後世の人びとの「智恵」によって着実に「進歩」を遂げてきたという。

これだけ差が開いた理由について、福沢はさらなる具体例を示す。蒸気機関、電信、製紙、印刷など、西洋科学の成果は後世の「智恵」によって達成された。その「発明工夫」を実現させるにあたって、彼らは「徳義」に頼らなかった。そもそもいにしえの聖人たちは、のちに新たな技術開発がなされるなど夢にも思わなかった。聖人の教えが「発明工夫」に貢献したこともない。「智恵」の観点から見れば、聖人君子は三歳児に等しい。

ここで福沢は、悟りとインヴェントの「発明」を掛け合わせる。達磨《だるま》大師《だいし》による面壁《めんぺき》九《く》年《ねん》の修行による悟りを得たところで、「蒸気電信の発明」はなされなかった。ひたすら壁と向き合って取り組まれる座禅の修行も、蒸気機関や電信の開発も「発明」なのに、成果や到達点には雲泥の差があるという。「発明」の二義を借りた「智恵」と「徳義」の描き分けに、ニヤリとした読者もいたことだろう。

しかしすでに明治は遠くなり、今日では「工夫」や「発明」のもとの意味が、すっかり忘れ去られてしまった。『文明論之概略』にさりげなく書かれた高度な言葉遊びは、もはや現代人に伝わりづらくなってしまった。だからこそ、当時ならではの含蓄の部分まで掘り起こしておく意味もあるように思われる。

福沢流のレトリックを応用すれば、「工夫」と「発明」の二語をつなげた「工夫による発明」でも新旧の対比が成り立つ。江戸時代をむかえた頃なら、修行による悟りと解釈できる。明治時代なら、改善による新開発としてもよい。要は努力による達成の枠組みは共通していて、実践される場が時代とともに移り変わっていた。それにともなって、語義変化が生じてきたのだった。

†非凡なる凡人

中村正直の『西国立志編』が後世に与えた影響は幅広く、フィクションの小説にも登場している。国木《くにき》田《だ》独歩《どっぽ》（一八七一―一九〇八）の短編小説『非凡《ひぼん》なる凡人《ぼんじん》』では、このベストセラーが登場人物の愛読書とされている。

投稿雑誌の『中学世界』第六巻（明治三十六年、一九〇三刊）に掲載された『非凡なる凡人』は、のちに国木田の第三著作集の『運命』（明治三十九年、一九〇六刊）に収録された。語り手となる「僕」の体験として、物語は展開していく。あるとき五、六人の若者が集まってたがいに友人の噂話をしていたら、「僕」の幼馴染で小学校の友だちだった桂正作《かつらしょうさく》の話になった。正作は豊臣秀吉やナポレオンのような非凡の類ではないが、決して凡人ではなかった。「僕」には「非凡なる凡人」だと思えていた。

その一場面によると、小学生時代のある日「僕」は裏山で友達と合戦ごっこをして遊びまくったあと、正作の家の庭で水を飲んでいた。二階にいた正作を誘ってみたが、加わろうとしなかったので、また遊びに行った。ふたたび正作の家にもどってきて二階に上がってみると、正作は机に向かって分厚い本を一心不乱に読みふけっていた。それが『西国立志編』で、正作はその面白さを熱心に語って聞かせるのだった。

原著『自助論』の初版に書かれたスマイルズの自序によると、本書が成立するきっかけは、貧しい少年たちが夜な夜な開いていた勉強会にあった。だんだん知れ渡って規模が大きくなり、メンバーのひとりの貧しい家では手狭になった。そこで仲間同士で汚い家屋を借り、机や椅子まで用意して百人規模で続けていた。その席に著者が招かれて講義したことが、執筆の出発点になっていた。中村が訳した増訂版にあるスマイルズの序文は、この本が青少年向けに書かれたことを改めて強調していた。そうして若者を勇気づける書物でもあり、正作がむさぼり読む姿は、フィクションとはいえ当時の感覚ではリアルだった。

『非凡なる凡人』では月日が流れ、あるとき「僕」は路上で正作にバッタリ出会う。二十四歳になっていた彼は、横浜にある電気事業をになう会社のエンジニアになり、自身の夢に向けて突き進んでいた。彼らは将来のことを語り合う。

「何が君の目的だ。」

「工業で身を立てる決心だ。」と言つて正作は微笑し、「僕は毎日此道《この》を往復しながら色々考へたが、発明に越す大事業はないと思ふ。」

ワットやステブンソンやエヂソンは彼が理想の英雄である。そして西国立志編は彼の聖書《バイブル》である。

「発明」こそ最大の事業と考える正作は、イギリスのワットやジョージ・スティーブンソン（一七八一―一八四八）にあこがれていた。彼らの知名度は群を抜いていて、福沢の『西洋事情』初編でも真っ先に紹介されていた。またスマイルズは、もともと『スティーブンソン伝』によって文筆の道に進み、のちに同じ出版社から『自助論』を出す機縁があった。

他方アメリカ生まれのトーマス・エジソン（一八四七―一九三一）は、日本が幕末維新の転換期だった頃は二十歳そこそこだった。のちに「メンロパーク（エジソン研究所が設立された場所）の魔術師」と呼ばれた技術者は、まだ修業中の身だった。中村が訳した増訂版『自助論』（一八六七年刊）にも、彼の名はない。蓄音機を商品化して実用化をうながし、アメリカ国内で名声を獲得したのは明治十年（一八七七）のことだった。のちに発明家・電力事業の実業家として名を馳せ、その名声が太平洋を超えて日本にも届いた。明治時代の中期以降の文学作品などには、発明王エジソンの名が見受けられるようになっている。

『非凡なる凡人』の後半には、上京したばかりの桂正作が九段の公園で砂書き芸の小遣い稼ぎをしていた頃のことが書かれている。ある日、客がいないときにイギリスのワットやスティーブンソンの名を地面に書いていた。すると、八歳くらいの男の子を連れた身なりのよい婦人が前に立った。子どもがワットの意味を母親に尋ねると正作は顔をあげ、この「大発明家」のことを分かりやすく話して聞かせたとある。正作が思い描いていたように、この頃の「発明家」は子どもや若者にとって憧れの職業になっていた。

欧米の偉大な発明家たちの人物伝が広く知れ渡ると、日本にもそういう人はいなかったのか、という関心が芽生えた。そこから改めて見出されたのが、平賀源内だった。小説家だった町田《まちだ》柳塘《りゅうとう》（生没年不詳）の『日本奇人伝』（明治四十二年、一九〇九刊）によれば、エレキテルをはじめとする「器械」は源内の「新発明」のひとつだった。

彼は蘭学の智識より、種々の新発明をした中にも、エレキテルと称する一つの器械を作つて、世上の評判になつた。

このあとに記された火浣布のくだりにも、「発明」や「新発明」が出ている。源内はつぎに火浣布を発明して幕府に献上したが、手品師やペテン師などと罵られた。せっかく社会のためにと苦労した「新発明」さえ、笑い種として葬り去られてしまったとある。補っていえば、あまりにも新しすぎて常人の理解が及ばず、同時代には報われなかった。本当にそういう飛び抜けた逸品なら、まさに発明品の名に値する。

その一方で『日本奇人伝』は、源内が私財を投じて取り組んだ「工夫」についても記している。一般の人たちが知らないものを「拵《こしら》へん」と思い、「工夫を凝らし、金銀を費やし、たくみ出せるもの」はエレキテルに限らないとしている。この一節では「たくみ出せる」の部分が、今の「発明」に相当する。享保期の御触書にあったような「巧出し」ではなく、発想力だけでもない、ものづくりの「発明」が意識されていった。同時に、時代を先取りした製品を生み出す「発明家」源内という人物評も固まっていった。

2 新聞の時代

†新聞から新聞紙へ

国立国会図書館が所蔵している明治時代の図書リストを検索してみると、いかに「新」が持てはやされていたか、よくわかる。「新編」「新説」「新釈」「新考」などと冠したタイトルの本が、それこそ数え切れないほど出回っていた。同じ「新編」でも、何々「新編」といった具合に末尾に添えたケースも間々ある。

肝心なのは、大半が特定の先行書の続編でもないことだった。伝統的な一対一の「本」と「新」は、もはや度外視されていた。同一ジャンルをひとまとまりの「本」とみなし、そこに加わる新刊書といった程度の意味しかない。出版社としては、同系統の類書と差別化をはかるために、何らかの「新」をつけ足せば引き立つと安易に考えたのだろう。ところが、どれも似たり寄ったりで目立たなくなっていた。そういう皮肉なジレンマさえ生じていた。

明治期の印刷物を取り巻く新たな動きは、新刊書のラッシュにとどまらなかった。世の中の回転が一段と速くなるにつれて、単行本よりも速報性の高い情報紙として存在感を放っていったのが新聞だった。その新聞に先立つ江戸時代の情報紙が一枚刷りの瓦版で、当時はおもに「読売」の名で知られていた。街頭で売り子が紙面の一部を読み上げ、人目を引きつけながら売り歩いたことから、その名がついたとされている。享保七年(一七二二)十二月に出された「覚」には、心中事件があったと触れ回って印刷するような「読売」を取り締まる旨が書かれている。本屋仲間へのお達しだった、前掲の御触書の翌月に出されたものである。

元禄期から享保期にかけての頃は、しばしば心中事件が記事にされていた。近松の『曽根崎心中』は、実話を脚色した物語だった。いわゆる負の連鎖で、心中物が流行すると、二人が来世で結ばれることを誓った心中事件が実社会で多発した。それがまた「読売」に書かれて、話題になった。幕府も取り締まりに乗り出し、心中は厳罰に処せられるようになっている。

各地で発生した災害や事件なども、大きく扱われていた。たまに赤穂事件や大塩平八郎の乱などの一大事が起きると、大量に印刷されて大々的に報じられている。そのあたりは、まさにワイドショー感覚だった。そうして非日常の出来事だけ拾い上げていくと、後世から見たその時代は波乱万丈のように感じられやすい。しかし刊行物としての「読売」は、不定期発行で済んでいた。それだけ世の中は、まだまだ平和で悠長だった。

それにくらべると、明治時代を生きた人たちは国内だけでなく、世界情勢や外交にも目を向けざるをえなくなった。開国後、国際社会に本格的にデビューすると世界の中の日本が意識され、情報量はおのずと倍増していった。印刷物の「新聞」が日刊のペースでコンスタントに出されるようになったのも、時代の要求だった。

幕末維新期に広まった新語の「新聞」は、風聞や噂のことをいう漢語に由来している。「新聞」の名を冠した日本初の印刷物は「官板《かんぱん》バタビヤ新聞」とされている。「官板」と銘打たれているように、幕府の蕃書調所が手がけていた。彼らはバタビヤ（現、ジャカルタ）のオランダ政庁の機関紙から世界のニュースを抄訳し、文久二年（一八六二）に和紙の木版刷りで発刊した。のちに「官板海外新聞」と改称されている。

翻訳記事には出典が示され、たとえば「倫敦《ロンドン》のタイムス新聞」については「倫敦の新聞紙」とも書かれている。さすがに「紙」の字がつけば、印刷物と認識されやすい。ここでいう「新聞紙」がニュースペーパーの意なのは、明白である。文久二年（一八六二）に刊行された『英和対訳袖珍辞書』には、「Newspaper」が「新聞紙」と訳されている。とはいえ本物の新聞を見たことがなければ、オリジナルの紙面構成など想像できるはずもない。そのため「新聞」の語が出ていても、現在と同じ印刷物のイメージが社会的に共有されていたとは限らなかった。

明治初年の段階では、風聞や噂などの「新聞」が依然として根強かった。のちに新聞社の時事新報社を立ち上げた福沢諭吉でさえ、旧式の「新聞」を用いていた。『学問のすゝめ』（十編。明治七年、一八七四刊）には、近ごろ流行っている翻訳書を読み、「世間に奔走して内外の新聞を聞き」云々とある。『文明論之概略』には「電信をもつて万里の新聞を瞬間に聞かしむる」と出ている。どちらも「聞」く対象とされている以上、目で読む活字の話ではない。字も「新」と「聞」の組み合わせなので、素朴に理解されていても不自然ではなかった。

『言海』の「新聞」の項目には「新に世上に出来れる事件を伝へて、人々の聞き込むこと。日毎に世間に起れる事の話」とあり、二項目目が「新聞紙の略」となっている。やがて二番目の意味が、一番目になる日が来るのだった。

†創刊に次ぐ創刊

慶応四年（明治元年。一八六八）は、戊辰《ぼしん》戦争で年が開けた。新政府も幕府側も世論を味方につけるための媒体として、たがいに新聞の発行を奨励した。柳河春三が創刊した中外新聞も、そのひとつだった。諸外国の新聞を翻訳して外国の情勢を紹介しつつ、国内事情も併せて報道する方針から「中外」と名づけられていた。

本紙は日本人による最初の民間新聞で、三日から四日ごとに発行されて好評を博した。しかし幕府を擁護する論調に対して新政府が厳しい許可制を敷き、禁令により発行を止められた。翌明治二年（一八六九）に復刊したものの、その翌年に柳河が病死したことにより、廃刊を余儀なくされている。それでも中外新聞の成功は注目を集め、新たな新聞が相次いで発行されるきっかけになった。

新聞や雑誌を閲覧させる新聞縦覧所《しんぶんじゅうらんしょ》も、各地につくられた。「縦覧」とは、自由に見て回ることをいう。篤志家が無料で設けたのが始まりとされ、有料化してお茶を供するケースも増えている。明治六年（一八七四）に刊行された東江学人《とうこうがくじん》（青木輔清《あおきすけきよ》）の『文明開化内外事情』の「新聞紙の事」には、縦覧所のことが出ている。「色々の新聞紙を集め置き、若干の見料にて見せる店あり」と書かれている。まだ新聞の販売網が整わず、不定期で発行される新聞もあったことから、一か所でまとめ読みできる施設は重宝されていた。

新聞社が立て続けに設立されると、それぞれの商品となる「新聞」は新聞紙の意として日常語に定着していった。当初は、おもに政治問題を論じた大判の大新聞《おおしんぶん》と、娯楽記事を中心に載せた紙面の小さな小新聞《こしんぶん》があった（土屋礼子『大衆紙の源流――明治期小新聞の研究』二〇〇二年）。国産新聞の第一号となった横浜毎日新聞（明治三年、一八七〇発刊）や郵便報知新聞などは、京浜地区の大新聞だった。記事は格調高い漢文調（漢字訓読体）で書かれていた。

大新聞は事件の報道よりも論説が中心で、政府に肩入れした御用新聞もあれば、批判する側に回った反体制のものもあった。対する小新聞は説話体と呼ばれる口語体で書かれ、すべての漢字にふりがながつけられていた。大新聞よりも後発ながら政治に風刺を利かせ、親しみやすい三面記事的な題材も扱ったため、大新聞よりも売れていた。

明治十年（一八七七）に西南戦争が起こると、その戦況を伝える新聞が飛ぶように売れた。更新サイクルが早い情報紙としての価値が、再認識されたのである。翌明治十一年（一八七八）は創刊ブームになり、偽者の新聞記者や悪質な売り子が横行したため、取り締まりが厳しくなった。各社は戸別の宅配制度に切り替えるようになり、江戸時代の瓦版から続いていた街頭での読み売り方式に幕が下ろされている。

朝日新聞は明治十二年（一八七九）に大阪で創刊され、明治二十一年（一八八八）に東京進出を果たした。当初は小新聞として出発し、平易な文章の論説や小説なども掲載し、大新聞を兼ねた独特の紙面が受け入れられて大阪のトップ紙に躍進した。のちには大新聞も小新聞のような肩の凝らない記事を載せるようになり、小新聞も社会状況を平たく伝える論説記事を拡充した。そのため両者の紙面はしだいに似通ったものになり、大小の分類も徐々になくなっている。

新聞社の名称については「新聞」が主流で、たまに「新報」もあらわれた。現在の日本経済新聞は、明治九年（一八七六）、三井物産によって中外物価新報として創刊された（週刊）。明治十五年（一八八二）には、福沢諭吉によって時事新報が創刊された（日刊）。この「新報」タイプも、明治期に発達した「新」なる情報紙の一角を占めていた。とくに時事新報は、新聞業界を大いに牽引した。

黎明期の試験的な段階をへて、新聞の定型がしだいに固まっていった。そうなると、あとは取り上げる話題や切り口などもさることながら、本質的には情報の新しさや精度で競い合うことになる。聞きかじった風聞の「新聞」ではなく、活字媒体として過去に発信した情報が記録されて残るため、下手な憶測の記事は飛ばしにくい。その点も「新」情報の質を下支えしていた。情報レベルの「新」は、逐次保管されることによって信頼性が担保されている。

新聞の売り上げ合戦は、個人よりも組織としての個性が問われる競争であり、日々消費されていく新情報の提供合戦でもあった。情報を提供する側は毎日気が抜けず大変だが、読者にとっては新聞か新報か迷うくらい選択肢が急増していた。情報が複数あれば読者の目もおのずと肥えてきてシビアにならざるをえない。テレビのチャンネル数やインターネット情報など、発信先の幅が広がった現代のメディア事情に通じる部分がある。

†学術論文の最新研究

更新版の「新」に次の「新」が続く展開は、どこまでも際限がない。それが進歩の宿命である。それでもいったん、どこかの時点で区切れば、もっとも「新」なる存在が確定する。そのことを二字であらわした「最新」は、明治時代に登場した。かつてなく回転が早く感じられるようになった社会に誕生した、時代の申し子的な新語だった。

単発の「最新」の例なら、明治前期にも見られる。認知され始めたのは中期以降で、まだ『言海』には採録されていない。この辞書に収められた「最」関連の語彙には、「最愛」「最期」「最後」「最終」「最上」「最初（最始）」「最小」「最少」「最前」「最大」がある。用例が増えて「最」の独立性が高まり、これ一文字の項目も収められている。見出し語「最」の説明には「最モ勝レタル事。第一ナル事」とあるが、実際に一字で使われる機会は乏しかった。

現在「最新の」と訳されている主要な英単語に「latest《レイテスト》」がある。この語が当時の英和辞典で何と翻訳されているのか調べてみると、日本語「最新」の普及度を推し量ることができる。柴田昌吉《しばたしょうきち》（一八四二―一九〇一）と子安峻《こやすたかし》（一八三六―九八）による『英和字彙　附音挿図』（明治六年、一八七三刊）には「最後《ゴクノチ》の、最遅《オソ》き」と出ている。原義の「遅い（late《レイト》）」をもとにした直訳で、これ以降の辞書でもおおむね踏襲されている。このほかには「最終の」といった訳語が見受けられる。これらが「最新」に切り替わって定着するのは、大正時代以降のことだった。

国立国会図書館のデータベースで「最新」のつく書籍や学術雑誌を検索すると、用例は明治中期あたりから少しずつ増えている。ジャンルとしては、医学や薬学関連の著作や論文などの割合が高い。それだけ最先端医療が、しのぎを削り合っていた。成果を享受しようとする側も、新薬や新治療など西洋の最新医学への関心が高かった。

単行本よりも学術雑誌の論文にある「最新」が目につくのも、特徴的だった。月間単位レベルで小刻みに更新されていく媒体が、研究活動の主要な発表の場になったことを物語っている。製薬や療法を研究・開発する現場で新たな成果が生まれたら、専門領域の学術雑誌に論文を掲載し、いち早く「最新」であることを公表する必要が出てきたのだろう。今日でいうところのプライオリティ（優先権・先取権）の問題であり、最先端の研究領域では十年も二十年もかけて大著をまとめる時代ではなくなっていた。

新聞記事の例では、たとえば報知新聞の明治四十四年（一九一一）十一月十七日付の記事に「最新ツベルクリン愈々《いよいよ》市場に出づ」とある。結核菌に感染したか否かを診断する抗原のツベルクリンは、明治二十三年（一八九〇）にドイツのロベルト・コッホ（一八四三―一九一〇）によって発表された。その後も開発が続けられ、日本でも実用化の日をむかえようとしていた。社会的に歓迎されるトピックなら新聞の出番であり、速報性だけに着目すれば学術論文を凌ぐ。

その記事や見出しに「最新」の二文字が踊るのも当然だった。

同じく国立国会図書館のデータベースによれば、一九〇〇年代に入ると、書名に「最新」を冠した書籍がジャンルを問わず一挙に増えている。印刷・製本などの技術面が向上し、話題や流行に特化した単行本をタイムリーに出す商業出版も発達した。それにともなって、学術雑誌の速報性とくらべても遜色のない単行本が刊行できるようになってきたのだろう。

媒体の種類を問わず、速報性に拍車がかかってくると、もはや毎日が「新」情報で埋め尽くされる。昨日の情報は、世に出たそばから「古」や「旧」サイドに追い落とされていった。これが魚や野菜の話なら、一定条件のもとで鮮度が落ちる速度は今も昔も大差ない。ところが情報に至っては、江戸時代よりも明治時代のほうが、はるかに早く新鮮味が失われるようになってきた。たとえそれ自体の鮮度は落ちなくとも、後発の情報の充実度や話題性に弾き出されて、相対的に目新しさが失われていく。これも進歩の時代の一面だった。

†先駆者の立ち位置

現代語的な「先駆者」は、過去に達成されていない課題をクリアした一番乗りであると同時に、未来に踏襲されていく際の起源にも位置している。過去も未来も見据えて成り立つ「先駆」は、明治時代に台頭した。欧米社会で実現していた学術や諸文化の継承発展が紹介される文中で、その用法が成り立ちやすかったように思われる。福沢諭吉の『文明論之概略』巻四には、「魁」の字で書かれた用例がある。

第八章「西洋文明の由来」で、十七世紀のイギリスが取り上げられている。強大な王権に屈せず国民も経済力を養い、「人民と王室との間に争端を開き」、そのことで「魁（先駆け）を為した」。のちに王政の廃止と復活をへて「君民同治の政体」が始まった、とある。続く一節でフランス革命に言及し、イギリスの革命に連動するかのような展開が派生したと述べている。すると右の「魁」は、英国王と国民による最初の衝突であるとともに、のちのフランス革命に先鞭をつけていた。そういう文脈にある「魁」には、過去と未来が意識されている。

明治時代も後半に進むにつれて、右のような事柄が「先駆」によって語られる機会が増えた。新聞記者の土屋元作が明治末期に書いた前掲の『新学の先駆』は、それを正面から取り上げている。同書は明治時代の学術を「新学」と称し、その起点に江戸時代の蘭学を位置付け、とりわけ『解体新書』に焦点を当てていた。蘭学を基準にして、在来の学術から一歩抜け出しただけでなく、明治時代の学術の土台になったと位置付けている。

本書の成立事情から振り返ってみると、土屋は幕末の慶応二年（一八六六）に豊後国《ぶんごのくに》（大分県）の日出藩士《ひじはんし》の子として生まれた。明治三十年（一八九七）に、福沢諭吉の時事新報社に入社している。のちに大阪毎日新聞社などをへて明治四十四年（一九一一）の二月、大阪朝日新聞社に移った。翌明治四十五年（一九一二）の二月に、『新学の先駆』が出版されている。
凡例によると、今回の原稿は前年の八月から十月にかけて、大阪朝日新聞に連載された記事がもとになっていた。それを増訂したのち、当年に入ってから晴れて出版された。その際、新聞記事をまとめて著書にするよう指示したのが、同僚の西村天囚《にしむらてんしゅう》（一八六五—一九二四）だった。執筆にあたって、土屋はしばしば有益な助言を与えられ、その好意に感謝する旨も書き添えている。現に西村は終始、かなり肩入れしていた。

その西村は土屋が生まれる前年の慶応元年（一八六五）、大隅国《おおすみのくに》（鹿児島県）の種子島に生まれた。東京帝大を中退したあと、明治二十三年（一八九〇）に大阪朝日新聞の記者になっている。そのときから大正八年（一九一九）に退社するまで、三十年近く勤務した。『新学の先駆』の出版に関しては、あとから入社してきた土屋を見込んで執筆段階からバックアップした。そのあたりの事情については、序文にくわしく書かれている。

本書には序文が二つあり、ひとつ目はかつて大阪朝日新聞社の記者を務めていた東洋史家の内藤湖南《ないとうこなん》（一八六六—一九三四）が書いている。二番目を執筆したのが西村で、彼は「先駆」としての蘭学の意義を説き、自身の主張も含めて文章量が多い。それとは対照的に、土屋は本文中で「先駆」を強調していなかった。おそらく書名の「新学の先駆」も事実上、西村の裁量で決めたのだろう。西村は朝日新聞のコラム「天声人語」の名付け親として知られ、ネーミングに関しては一家言があったのかもしれない。

彼の序文は、ひたすら「新学」と「旧学」を対比しながら書き進められている。現在の「新学の徒」たちは、「旧学の徒」ともいえる先人の恩恵がどれほど大きいか、知っているのだろうかと問いかけている。なぜなら「今の学徒が往々新を喜びて旧を厭《いと》ひ」つまり近年はしばしば「新学」を歓迎して「旧学」は疎まれやすい。先人のご苦労をわかっていない人たちが嘆かわしいので、昔の学者の業績を記述して世に問うたと西村はいう。

この序文によれば、世間的に見た蘭学は「旧学」だが、西村からすれば「新学の先駆」だった。明治期の「新学」の「先駆」とする見方なら、蘭学は同じく「新学」に属する。最初の「新学」だった蘭学が継承されて、そのまま明治時代の「新学」に至ったと解釈されている。その蘭学を「先駆」と称しているから、起源を意味していることになる。

土屋自身は「先駆」よりも「紀元」を用いていた。第一編「新学の輸入」第一節のタイトルは「新学の紀元」になっている。蘭学の前史に相当する南蛮文化にいくらか触れてから、叙述を『解体新書』の翻訳事業に進めている。そのあとは基本的に、人物単位でまとめられている。最後の第五編「新学の発達」第十二節「蘭学の殿（しんがり。末尾）、英学の先（先駆）」では、かつて世話になった上司でもあった時事新報社の福沢諭吉を取り上げている。

土屋のいう「紀元」は、同音の「起源」に近く、現に蘭学が起源に位置付けられている。その起源に相当する「紀元」を、西村は「先駆」に変えた。純粋に蘭学以降がテーマになる「紀元」に対して、「先駆」は蘭学以前の学術に対する「新学」として蘭学の優位を示すこともできる。蘭学自体が大きな画期だったことを、西村は強調したかったのだろう。

過去への意識に未来への意識も加わったのが、日本語「先駆」の推移の基本線だった。この展開は、日本語「発明」の語義変化の歩みとも重なる。元来は発案者のアイデアと認識されていたのに対して、その利益を享受する後続の展開も意識されていったからである。さらには日本語「新」の語義変化と軌を一にしている。進歩の思想が普及し、「新」だけでなく「先駆」にも未来の展望が広がったと考えられる。

3 造語と歴史用語

†最初の近代的辞書

室町時代語の主要な文献が『日葡辞書』だとすれば、明治時代の国語辞典の代表格が『言海』である。著者の大槻文彦は、杉田玄白の弟子だった蘭学者の大槻玄沢の孫にあたる。幕末期に生まれ、漢学や蘭学を修めてから国語学研究の道に進んだ。勤めていた文部省の命により、明治八年（一八七五）に『言海』の編纂に着手している。もともと何人かの学者グループに依頼された文化事業で、立ち上げ当初のメンバーは折り合いが悪く、早々と空中分解してしまった。そこから仕切り直すにあたって、当時まだ二十九歳だった大槻に白羽の矢が立った。

彼は十年以上の歳月を費やして取り組み、明治十九年（一八八六）にひととおり原稿を完成させた。ところが文部省から刊行される予定だったにもかかわらず、政府の予算が確保できず、出版が立ち消えになりそうになった。結局、明治二十二年（一八八九）〜二十四年（一八九一）に自費出版に漕ぎつけている。やっと世に出た『言海』は四万語を収録し、用語を従来のイロハ順でなく五十音順に並べ、意味のほかに読み方や品詞を記している。

解説には大槻の個人的な見解と思える内容が多く含まれ、彼の著作のようでもある。たとえば「徳政」の項目には、この方針が打ち出されるようになった歴史的な経緯が記述されたのち、大槻の意見が書かれている。「徳政」というけれども、負債や質物も返済しなくてよくなるのだから「その実は暴政なり」と彼はいう。無償で資産を取り上げられる側も含めて、その理不尽さを指摘している。最初の持ち主を重んじていた頃の伝統的な価値観など、微塵も感じられない。同じ「徳政」の項目が「慣例」と記載されていた『日葡辞書』の時代とは、大きな開きがある。

「本」の解説は、以下のように三項目に分けられている。

（一）もとの。おほねの。（末に対す）「―国」「―家」
（二）まことの。ほんたうの。ほんまの。（仮、偽に対す）「―物」「―名」
（三）外《ほか》ならぬその。「―人」「―年」「―日」「―月」

このうち（一）にある「おほね（大根）」は、おおもと（大本・大元）をさしている。また（三）は今の「当」に相当する用法で、添えられた用例にある「本人」「本年」については「当人」「当年」と置き換えられる。

右の分け方によれば、（一）がモトで（二）がマコトになっている。しかも用例にも、成立時期の差が見られる。（一）にある「本国」と「本家」は祖国や祖先をあらわし、ともに古くから使われてきた。対する（二）は、解説にある「ほんたう（本当）」や「ほんま（本真）」も、あとに並べられた「本物」も「本名」も江戸時代語だった。厳密にいえば、「本名」は先祖代々受け継がれてきたもとの名田《みようでん》をあらわした。一方『言海』の「本名」の項目には、仮名《かめい》や偽名に対する本当の名前のことと注記されている。こちらの意味は、江戸時代に入ってから広まった。

こういう（一）と（二）の振り分けにくらべると、『日葡辞書』の「本」関連語彙の解説は対照的だった。しばしば一語の説明に「本来の、または真実の」と両方とも書かれ、『言海』に見られるようにモトとマコトの分離が明確ではなかった。

『言海』の「正《しょう》」も説明が三項目あり、（二）と（三）は古代の律令制下の官職のことが解説されている。用例には「正一位」や「正二位」が出ている。字義の説明になっている（一）には「ただしきこと。まことなること」とあり、マコトの意味を持つ字とある。続けて「そのまなること」とあり、用例に出ている「正の物」はありのままであることをいう。「正で見する」とは、加工や小細工をせずに披露することをあらわしている。これらも内容的にはマコトに属し、意識が過去に向かうモトの説明は書かれていない。

そこで「正体」を引いてみると、こちらもたまたま解説が三項目に分かれている。

（一）正《まさ》しき体《み》。まことの身。
（二）精神《こころ》。正気。「―を失ふ」「―なくなる」
（三）故《もと》の姿。「化物の―」

最初の（一）には「まことの身」とあり、文字通りマコトの意味が第一に出ている。（二）の「正体を失ふ」や「正体（が）なくなる」は『日葡辞書』に出ていたのと同じモトにあたり、古くからある慣用表現として扱われている。その（二）と区別された（三）には、モトと読ませる「故」がある。これこそモトのようにも見えるが、本来あるべき理想の姿からは程遠い。

用例には「化物の正体」とあるから、化け猫になる前のネコや、あるいはキツネやタヌキあたりが想定されているのだろう。むろん人間でもかまわない。いずれにしても、その「正体」には原型以上の価値が与えられていない。むしろ化ける能力を持つ怪しげな実体であり、受け止める側としてはそれがマコトの姿でもある。伝統的な文脈に語られていた、良き「正体」とは異なっている。私たちにとって馴染み深い「正体」の用法は、最初を理想に掲げていた時代の価値観から遠く隔たったところに成り立っていた。

†多すぎる翻訳語

江戸後期の新語だった「新鮮」は、まだ読み方がシンセンで統一されていなかった。類語の「清鮮」と併用されたケースもあり、確立された語彙ではなかった。幕末維新期に刊行された英和辞典で「fresh」の訳語をたどってみると、明治時代に入ってからも「新鮮」で一本化されていなかったことがわかる。

幕末の『英和対訳袖珍辞書』の「Fresh」には、「涼キ、壮健ナル、新ラシキ」とある。名詞の「Freshness」には「涼シキ事。壮健ナル事。新鮮ナル事」とあり、最後に「新鮮」が出ている。明治六年（一八七三）刊の『英和字彙 附音挿図』には、十五種類もの翻訳語が並べてある。英単語の意味の広さもさることながら、ひとつの訳語が定着していなかったため、最終的に二桁の数に達したのだろう。

疾《ハヤ》キ、速《スミヤカ》ナル、嫩《ワカ》（若）キ、甘《アマ》キ、淡《アハ》キ、生《ナマ》ノ、新鮮《アタラシ》キ、壮健《スコヤカ》ナル、新製《シンセイ》ノ、無塩《ブエン》ノ、活《クワツ》潑《パツ》ナル、壮盛《サカリ》ナル、生手《アラテ》ノ、新来《イママヰリ》ノ、清涼《セイリヤウ》ナル

最初の「疾キ」や「速ナル」あたりは、できてから経過した時間が短いことをあらわしている。そのあとは、新鮮さからイメージされる日本語を可能な限り拾い出している。「無塩ノ」は英語由来の意味の一端で、「fresh water（淡水）」や「fresh butter（無塩バター）」などの用例がある。そして中盤の七番目に出ている「新鮮」はシンセンでなく、アタラシと読ませている。明治時代をむかえても、この読ませ方はまだ通用していた。

さすがに明治中期の『言海』では、「新鮮」の読みがシンセンで一本化されている。解説には「アタラシキ事。旧《フル》ビヌ事」とあり、用例には「新鮮ノ空気」が示されている。「空気」を「新鮮」と形容する用法は江戸時代のうちにあり、その使い方が実社会で増え、明治時代の辞書の用例にも採用されていた。

『言海』では「あたらし（新）」について、二項目に分けて書かれている。もはや、どちらも古語特有の意味には触れていない。

（一）アラタニテアリ。旧《フル》ク無シ。

（二）未ダ日ヲ歴ズ。腐ラズ。（肉、菜ナドニ云）鮮

一番目に「旧（古）」くないこととあり、対義語だけ示してある。二番目では、まだ日数が経過していないことと、肉や野菜などが腐っていないことが指摘されている。見出し語「あら（新）」には「新《アラタ》ナルコト。未ダ用ヰ《（ゐ）》ヌコト」と説明されている。用例に「新ノ品」があり、未使用の新品をさしている。もはや全体的に、現代の国語辞典にある解説と大差はない。

字音の「新《しん》」については、この一字がひとつの語彙に扱われている点が目新しい。

（一）あたらしきこと。「―を好み、旧《きう》を棄つ」

（二）穀、果、実、醸造、製造の物など、すべて、今年新に成れるものの称。（陳《ひね》に対す）

「―米」「―芽」「―酒」「―茶」「―とひねと」

一番目の例文には「新」を好んで「旧」を捨てるとあり、特定の出典はなく、大槻による作文のようである。何でも新しいものに乗り換えようとする、当時の風潮が反映された書きぶりになっている。ただし「最」の場合と同じく、「新」を単独で使った実例は多くない。二番目の解説にあるように、特定の食材や製品などの前に冠するのが一般的だった。

その二番目では、昨年までの品物をあらわす「陳」とセットにされているから、丸一年間「新」だった伝統的な用法にも受け取れる。一方「新茶」については「茶ヲ製シタル頃ニ、其茶ヲ呼ブ称。今年製シタル茶」とあり、「製シタル頃」つまり製造された時期の呼び名とも書かれている。こちらの解釈には新鮮味が漂う。

「新」の独立性が高まったこともあり、『言海』には「新」のつく単語が多く収録されている。それだけ江戸時代のうちに、「新」の造語が増えていた。「新婚」「新聞紙」「新平民」「新暦」あたりは、いかにも文明開化の世相を感じさせる。かつては丸一年保たれた「新年」に対して、『言海』にある「新年宴会」つまり新年会は、せいぜい一月いっぱいしか開かれない。そこでの「新年」には、年明けのフレッシュな時期が意識されている。

さらには『言海』が編集方針として収録を見合わせた固有名詞に、「新」を冠した語句が増えに増えた。実際に世の中に通用していた「新」何々が『言海』の収録語彙の何倍だったのか、何十倍に達していたのか見当もつかない。かなり自由に、なかば安直に「新」を上乗せした言葉をつくることさえできるようになった。むしろ『言海』はそのために、単独の「新」を（一）に置いたとも考えられる。日常語に「新」が増えたのは、この頃からだった。

明治中期にまとめられた英和辞書では、「discover」に「発見する」が当てられるようになっていった。外務省に勤務していた柴田昌吉（一八四二―一九〇一）と、子安峻の共著『英和字彙』（第三版。明治二十年、一八八七刊）では、名詞の「discovery」に対してバラエティ豊かな訳語が与えられている。

看出。発明。発見。査出。看破。顕明。

これだけの数が並べられているのは、明治中期になっても主要な一語が定まっていないからだった。動詞の「discover」になると、訳語の数はさらに増える。

看出す。看破する。発《あば》く。発明する。査出する。捜出する。発見する。顕はす。想出する。

訳語のリストともいえる右の例では、四番目に「発明する」があり、七番目に「発見する」が入っている。この順位が、当時の日本語「発明」の意味として妥当だった。それでも後世の英和辞典を調査していくと、「発見する」のランキングが上位に進んでいく。ついには「発明する」と入れ替わり、筆頭に固定され、現在に至っている。対する「発明する」は、しだいにランクを下げていった。最終的には「discover」の訳語から姿を消し、かわりに「invent」の訳語の第一位に収まっていった。

種々の発見を伝えてきた伝統的な「発明」は、こうしてものづくりの方向に傾いた。それにともない、純粋に見出すことをいう別の言葉が模索されて「発見する」が訳出された。古語の「発明する」から、ディスカバーの成分が「発見する」に移されたのである。その末に、意味が限定された現代語の「発明する」が晴れて確立された。外国語を翻訳する作業は、自国語の語義や細かなニュアンスについて見つめ直す上で、得難い機会になっていた。

『言海』の「発明」では当世風の意味が最初に書かれ、原義は二番目に回されている。一番目には依然として「発見」があり、同時期の英和辞典の訳語と似通っている。

（一）始めて考へ出し、又、見出すこと。新工夫。発見。
（二）賢く物を考へ分くること。さかしきこと。りこう。怜悧。

一番目には「新工夫」ともあり、日々の「工夫」に「新」要素が上乗せされて「発明」に格上げされると解釈できる。大規模な業績の「発明」と、小さな改善を意味する「工夫」のスケール感の違いとともに、その差を埋める「新」の役割がよくあらわれている。

大化の改新

「維新」つまり「新」の名のもとに政治改革が進む時代になると、過去の歴史上の改革に対しても「新」の字を冠することができるようになった。その一例が「大化の改新」で、この五文字は江戸時代まで使われていない。会沢正志斎の『新論』では、天智天皇（六二六―六七一）が皇太子（中大兄皇子）のときに蘇我入鹿《そがのいるか》（六一一？―六四五）を倒し「旧弊を革除して、新制を布《し》きたまふ」と書かれている。単に「新制」とあるのみで、ほぼ普通名詞扱いだった。

大化の改新が歴史上の出来事として日の目を見たのは、幕末以降になってからのことだった。紀州藩《きしゆうはん》の重臣で、国学者だった伊達千広《だてちひろ》（一八〇二―七七）の『大勢三転考《たいせいさんてんこう》』（嘉永元年、一八四八成立）にさかのぼるとされている。藩の政争に巻き込まれた千広は、長い不遇の時代を強いられた。のちに外務大臣になった実子の陸奥宗光《むつむねみつ》（一八四四―九七）の後押しも得て、明治六年（一八七三）に晴れて刊行された。書名にあるとおり日本史が三区分され、順次変転してきたと述べられている。

第一区分は国造《くにのみやつこ》、県主《あがたぬし》、君《きみ》、臣《おみ》のように、居住地や職務と結びついた「骨《かばね》」と称する血族が政治を運営した「骨の代」と規定されている。その「骨」による世襲が大化の改新によって途切れ、第二の「職《つかさ》の代」に移る。「職」とは、すでに推古天皇（五五四―六二八）の時代に成立した冠位十二階や、律令制度のもとに定められた官職のことをいう。しかし「大化の改新」の語句はなく、その記述も「骨の代」の終焉《しゅうえん》のところに若干書き足されているにすぎない。大化の改新を時代の転換点に位置付けた意義は大きかったにしても、記述自体は少なかった。これに大きく焦点を当てて「改新」が論じられるようになったのは、さらにあとのことだった。

『大勢三転考』刊行から十五年後の明治二十一年（一八八八）、『大政三遷史《たいせいさんせんし》』が刊行された。著者の池辺《いけべ》義象《よしかた》（一八六一―一九二三）は肥後国《ひごのくに》（熊本県）出身の国文学者で、歌人だった。書名にある通り「大政」が「三遷」したと記述され、『大勢三転考』を意識したのは疑う余地がない。しかもその三時代は「大化改新」「建武中興」「明治維新」に分けられている。最初の「大化改新」が、従来の史書よりも数段大きなウェートで取り上げられている。

全三編のうち、第一編「大化改新」の第一章「大化以前政体の概略、及び地方政治の有様」では改新以前の政治についてまとめられている。第二章の「改新政事の必要なりしゆえん、及びその大略」で、本題となる「大化改新」が詳細に語られる。第五章に至るまで、天皇家の政治が記述されている。このように三区分のアイデアが継承される過程で、古代史上の「大化の改新」が少しずつクローズアップされていった。

ただし近年の調査と研究により、大化の改新とされる諸改革は後世の潤色を抜きにして語れなくなっている。ひとまず中大兄皇子らによるクーデター事件を独立させて、「乙巳《いっし》の変《へん》」と称するようになった。続く一連の改革については、大化年間（六四五―六五〇）だけにとどまらない継続的な取り組みと考えられている。

『大政三遷史』第二編「建武中興」には、後醍醐天皇の治世がくわしく描かれている。「中興」とは、朝廷の存在感が薄い時代をへて明治時代をむかえたとする視点に立つ表現だった。小中学校の歴史の教科書にも登場し、戦後になると「建武の新政」が主流になった。近年では「建武政権」とも称されている。すでに見たように、後醍醐天皇自身は「朕が新儀は未来の先例たるべし」（『梅松論』）と説いていた。打ち出した方針をネガティブな「新儀」であらわしていた天皇が、自身の政権を「新政」と称する可能性は低かったと思われる。

そして『大政三遷史』第三編のテーマが、「明治維新」だった。明治時代限定の「維新」が歴史書で語られていくうちに、「維新」単体でも明治維新のことを意味するようになっていった。いつ頃からどの領域で「一新」から「維新」に代わったのか、といった問題については分野にも左右され、明確な判断は下しにくい。それでも明治時代を、どのタイミングでどう切り刻んでも、つねに「新」の字が強調されていた事実は一貫して変わらない。

†鎌倉新仏教

大昔からある言葉かと思っていたら、じつは新しい造語だとわかって意外に感じることがある。「新」がつく仏教関連の用語のうち、明治時代の中期以降に普及したのが「（鎌倉）新仏教」だった。しかも当初は、明治時代の仏教を改革しようとする試みのもとで登場したスローガンだった。鎌倉ではなく、明治の仏教のことだったのである。のちに仏教史の研究書で、鎌倉時代の仏教の特色をあらわすのに転用され、現在に至っている。

この用語が登場する背景のひとつになったのが、幕末維新期に吹き荒れた廃仏毀釈《はいぶつきしゃく》だった。幕末の国学で廃仏思想が発達し、明治元年（一八六八）の旧三月には太政官布告による神仏判《しんぶつはん》然令《ぜんれい》によって神仏分離が実施された。それにともない、神社と習合していた寺院の仏堂や仏像、仏具などの破壊・撤去運動が各地で展開された。寺ごと破壊されるケースも相次いだ。

明治六年（一八七三）には、明治政府が欧米諸国の要請に応じて全国のキリスト教禁制の高札を撤去した。こうして、約三百年に及んだキリスト教の禁制が解かれた。廃仏毀釈やキリスト教の布教公認といった社会的な変動の中で、仏教側の人たちは危機感をおぼえた。そこから在来仏教の刷新をはかろうとする動きが生じ、その過程で「新仏教」が唱えられた。

たとえば水谷仁海《みずたににんかい》（一八三六―一九〇六）の『新仏教』（明治二十一年、一八八八刊）は、文字通りその三文字を掲げた著作だった。弟子が書いた序文には「他ノ神仏各宗ノ旧教」に対して「新仏教」と命名したとある。従来の神仏の教えを「旧教」の名でくくり、それに対する「新仏教」を掲げている。その上で「旧仏教」が滅び去ったあとの世の中にとって有益であることを祈る、と結ばれている。これは明治中期以降の仏教改良運動に沿った流れだった。

一方、学術研究レベルではスローガン的な「新仏教」に同調しない傾向にあった。明治八年（一八七五）から、仏教新聞の明教新誌《めいきょうしんし》が隔日刊で発行された。その記事について、明治二十一年（一八八八）頃まで検討した研究（星野靖二「『明教新誌』解題――創刊から明治二十一年頃までを中心に」『国学院大学研究開発推進機構　日本文化研究所年報』一一、二〇一八年、所収）によると、仏教の改良を訴える記事が紙上に一定数見られる。「宗門」や「寺門」の改良を目指し、あるいは「宗規改良」や「宗制改革」を訴えた論説も多い。教団への建白書も掲載されているが、「新仏教」はほとんど見られない。

明教新誌の常連の執筆者に、仏教哲学者の井上円了《いのうええんりょう》（一八五八―一九一九）がいた。明治二十年（一八八七）、東京の湯島に哲学館《てつがくかん》を創立し、のちの東洋大学の前身となった。彼の随筆集『円了茶話』（明治三十五年、一九〇二刊）の第九十四話は「新仏教」と題されている。井上によると、あるとき仏教徒と清教徒（ピューリタン。イギリスのプロテスタント）が結託して「新仏教」と題する雑誌を創刊しようとした。そこで自分に、意見を求めてきたという。

この依頼を井上は批判する。かつて親鸞（一一七三―一二六二）は、新たに浄土真宗を開いたときに「新宗」と名乗らず、「真宗」と称した。それに対して今日、新たに雑誌を発行しようとする彼らは「真仏教」でなく「新仏教」と題した。なぜ彼らは「真仏教」と名付ける勇気がないのか。あるいは彼らは謙遜しているのかもしれない。それでも親鸞にくらべると、はるかに自信がないのは間違いない。親鸞に限らず、成功するか否かは自信の度合いによって決まると井上は述べている。やみくもに当世風の「新」に飛びつくのではなく、普遍的な「真」つまりマコトを意識すべきだと主張したかったのだろう。

しかし、それは「新」に対する評価が高くなった明治時代ならではの判断だった。鎌倉仏教の時代は、「新」の価値が明治時代ほど高くなかった。だから親鸞が「新宗」を名乗る機縁は、どう転んでも生じなかったと思われる。

明治「新仏教」だったものが鎌倉「新仏教」に転じたのは、仏教史学者による研究活動が契機になっていた。日本仏教史研究の先駆者とされる村上専精《むらかみせんしょう》（一八五一―一九二九）の『日本仏教史綱』（上巻、明治三十一年、一八九八刊）には、鎌倉仏教のことをさす「新仏教」の初期の例が出ている。翌年に刊行された下巻の第三期「浄土禅日蓮時代」第一章「本期仏教の大勢」では、華厳宗の中興の祖とされる明恵《みょうえ》（一一七三―一二三二）らによる「旧仏教」内部の改革も含めて「新仏教」と称している。こうした活動に加わらなかった既存の寺院については「従来仏教」

「古宗」と表現している。ただし「新仏教」がとくに強調されているわけではなく、章立てや時代区分の名称に掲げられていたわけでもない。

大正時代になると法然、親鸞、栄西、道元、日蓮、一遍によってはじめられた六宗を従来の宗派と区別するようになった。東京帝国大学の史料編纂所の初代所長だった辻善之助《つじぜんのすけ》（一八七七―一九五五）も「新仏教」によって鎌倉仏教を論じ、六宗を「鎌倉新仏教」とする見方が戦後に引き継がれた。天台・真言の平安仏教は為政者目線の鎮護国家を基調とし、対する「鎌倉新仏教」は民衆の救済を掲げた点に特色があると評されるようになった。その後、何をもって新旧の基準とみなすか諸説が並び立った。細部の定義には差が生じたものの、「新仏教」が明治期の産物であることに変わりはない。

†本末転倒の歴史

四字熟語の「本末転倒」は、もともと「本末顚倒《てんとう》」と書かれ、成立に関しては鎌倉新仏教と縁が深いことが指摘されている。この成句に関する語源説によると、鎌倉時代に新仏教の諸宗が並び立ち、武家や町家などと広く結びついた。地域に密着した末端の寺院、すなわち「末寺」が檀家を増やして力をつけ、やがて「本山」との力関係がひっくり返った。いわば寺院間の下克上が、「本末転倒」成立の発端になったと解釈されている。

このような語源説を知ると、鎌倉時代の頃から使われてきた由緒ある四字熟語のように思える。しかし実際はそうでもなく、それどころか思いのほか遅く登場した。単発の用例なら明治時代の文献にも見られるものの、広く定着したのは昭和になってからだった。たまたま「(鎌倉)新仏教」が普及するのと似たようなタイミングで、この成句も広まっていたことになる。たとえば英語の慣用句「put the cart before the horse」の訳語の歩みをたどると、現在の「本末転倒」で足並みがそろうのは、やはり昭和からだった。

この英語の成句は、馬の進行方向にあたる前方に「cart(馬車)」を置いてしまう手違いから転じて、比喩的に使われた。原義にイメージされた構図を踏まえれば「前後転倒」とも訳せる。明治時代の後期に編集された英熟語辞典でこの成句を引いてみると、それぞれに「本末転倒」とは違うことが書いてある。たとえば「劣品を先に置く、顚倒、不都合なる事」(星野《ほしの》久成《ひさなり》編『英和熟語集』)、「前後する、顚倒する、順序を過つ」(イーストレーキ、越山平三郎《こしやまへいざぶろう》著『新撰英和熟語集』)などとある。「顚倒」の語はあっても「本末」は出ていない。

新渡戸《にとべ》稲造《いなぞう》(一八六二—一九三三)らが監修した『英和俗語熟語故事大辞典』は、明治四十四年(一九一一)に刊行された大部の熟語辞典だった。この辞書には、同じ熟語が「順序を誤る、冠履顚倒《かんりてんとう》す、トンチンカンな事をする」と訳されている。ここにも「本末顚倒」はなく、かわりに類語の「冠履顚倒」が出ている。

こちらは冠《かんむり》と履物《はきもの》の位置が逆になることから転じて、人の地位や物事の価値などの順序が乱れることをあらわした。いわば「上下転倒」に相当する。福沢諭吉の『文明論之概略』第七章「智徳の行はる可《べ》き時代と場所とを論ず」に、その一例がある。昔は幕府が法律を制定して人びとを保護してきたが、今では国民が法律をつくって「政府の専制」を防ぎ、わが身を守るようになった。旧来の観点では「冠履転倒」になる。しかし現在の世界では、一国の「文明」を推進させて独立を保持する唯一の方法だと福沢は述べている。このほか各方面に「冠履転倒」の用例がある。明治期には「本末転倒」よりも数段有名で、「転倒」のつく成句といえばこれだった。

昭和年間に入ってから刊行された、代表的な英和辞典の『新英和中辞典』（岡倉由三郎編、研究社、昭和四年、一九二九序）では「順序を顚倒する、本末を誤る」と解説されている。ようやくこの頃に「本末」の語があらわれて「顚倒」と接合される道が開けている。最終的に「本末転倒」の形で世の中に認知されるまでには、もうしばらく時間がかかった。

この有名な四字熟語が、これほど遅れて登場したことについては、いろいろな理由が考えられる。もっとも素朴な解釈は、鎌倉新仏教が成立した頃の伝統思想から導き出せる。つまり当時は、すぐれた初期状態をあらわす「本」が衰えて「末」の状態に陥るとみなされていた。最初から存在した「本」と、後に訪れる「末」の関係が保たれていたのである。事実上「始末」

に等しい「本末」関係であれば、どう転んでも後先が入れ替わることはない。時の流れが「転倒」することは、発想されにくいのである。

それが江戸時代をむかえると、従来ほど前後関係が意識されなくなり、現代的な「本末」の感覚に近づいた。本体をあらわす「本」と、末端を意味する「末」の関係に置き換わっていった。時間上の後先によって理解されていたものが、空間上の位置関係、とりわけ力関係の話に切り替わっていった。これなら時代の推移や情勢の変化によっては、「本末」の入れ替わりが可能になる。語源説のウンチクに語られていたように、末寺が勢力を得て本寺を凌駕するといった「転倒」も、条件しだいで実現可能になってきた。

「put the cart before the horse」の訳語の歴史で見る限り、「本末転倒」で確定したのは昭和時代だった。訳語経由で「本末転倒」が定着してから、本寺と末寺の関係が連想され、鎌倉新仏教と関連付けた語源説が登場したと考えられる。その順序からすると、この語源説は文字通りの本末転倒をへて成立した感がある。

4 文壇と舞台

†正岡子規の芭蕉論

蕉門の俳風をいう「蕉風」については、すでに江戸時代から同音の「正風」になぞらえる向きもあった。芭蕉が「正風」について語ったとされる、弟子の記録もある（立花北枝《たちばなほくし》『山中問《やまなかもん》答《どう》』幕末刊）。ただし「正風」は過去の歌論でも使われてきた用語であり、「不易流行」のように蕉風ならではの独自色が打ち出されていたわけではなかった。

むしろ芭蕉の作風が「正風」の名で本格的に評されたのは、明治時代に入ってからのことだった。しかも明治時代語と化した「正風」によって解説され、その議論をリードしたのが正岡《まさおか》子規《しき》（一八六七—一九〇二）だった。文明開化の世ならではの「進歩」思想にもとづく「正風」論によって、子規は芭蕉への評価を更新させていた。

子規は幕末の慶応三年（一八六七）に、愛媛の松山藩士の子として生まれた。東京帝国大学を退学したのち、明治二十五年（一八九二）に日本新聞社に入社して記者になり、そこが文芸活動の拠点になった。新聞「日本」の俳句欄で革新運動を唱え、明治二十九年（一八九六）にまとめられた『俳句問答』では理知に勝った旧来の「月並俳句」を批判した。一方「直接に感情に訴へんと欲」する自身の作風を、「新俳句」と称した。のちに日本派の俳人らと、この「新俳句」を世に問うている。

「月並俳句」にも「新俳句」にも使われている「俳句」自体が、子規の造語だった。「俳諧連歌」の名残で、江戸時代までは五七五からなる詠歌も「俳諧」と呼ばれていた。そこで子規は、五七五のことをいう「俳諧の発句」を略して「俳句」と称した。彼の造語が普及して現在に至っているのは、その文筆活動の影響力の大きさを物語っている。

子規が芭蕉をテーマにした『芭蕉雑談』（明治二十六年、一八九三成立）は、『獺祭書屋俳話《だっさいしょおくはいわ》』の増補版（明治二十八年、一八九五刊）に収められた。その序文で、子規は自身の俳話を「俳句界革新の暁鐘なり」と称して「革新」を訴え、芭蕉を批判した。弟子が多く育って一門をなし、批判など許されない領域に祭り上げられている芭蕉の姿は、子規から見て「宗教の開祖」「俳諧宗の開祖」だった。自分は「芭蕉宗の信者」ではなく、忌憚なくいえば芭蕉が詠んだ俳句一千首あまりのうち、すぐれているのは二百ほどにすぎないとも評している。

その『獺祭書屋俳話』には、芭蕉以前にさかのぼる江戸時代の俳句の歩みが詳細に記述されている。批評は辛口なりに、現在の俳句史概説とくらべても遜色のない客観性も備えていた。その説得力もあって、論壇に旋風を巻き起こしていた。

子規によれば、江戸初期に松永貞徳が登場して連歌にかかわる俳諧を打ち出し、発句に重みが加わった。しかし洒落言葉のような笑い種《ぐさ》にすぎず、文学上の価値では室町期よりもレベルを落とした。彼の門流はどれも似かよっていて、のちに西山宗因らの談林俳諧が立ち上げられて一時的には一世を風靡したが「やや発達したる滑稽・頓智」でしかなかった。だからたちまち、芭蕉派に圧倒されてしまったとある。

また子規によれば、芭蕉は松永貞徳の貞門や西山宗因の談林のように滑稽味に流れなかった。風雅にも卑俗にも偏らないバランスのとれた歌は『万葉集』以来の画期となり、「正風俳諧」の門流は明治に至るまで衰えを知らないという。このあと改めて芭蕉の歩みをたどり、全体像については「無数の階梯と漸次の発達」を指摘している。その上で個々の俳論書を具体的に示しながら、「正風」の形成を以下のように記述している。

芭蕉が故郷で出版した初めての俳諧集『貝《かい》おほひ』（寛文十二年、一六七二刊）は、まだ赤ん坊の片言程度にすぎず、談林の域を脱していない。それに対して、弟子の宝井其角《たからいきかく》（一六六一―一七〇七）の俳諧撰集『虚栗《みなしぐり》』（天和三年、一六八三刊）は、ひとつの画期になった。基本精神はすでに「正風」だが、言葉はなおも幼い。『続虚栗』（貞享四年、一六八七刊）は、さらに多くの「進歩」をへて、ほぼ「正風」の入り口に迫っている。同年に詠まれた『四季句合《しきのくあわせ》』は滑稽に陥らず、奇をてらうこともなく、初めて「正風」を旗幟鮮明にしたという。

その後『曠野《あらの》』『其袋《そのふくろ》』『猿蓑《さるみの》』などが続々と世に出て段階的に発達し、「正風」の水準に達した。途中で「退歩」したこともあるが、これはどのような発達の過程にも生じうると許容している。その上で子規は、「明治の大改革」による文学の変化を論じる。翻訳文や新体詩、言文一致体などを提唱する人がいて文学界は揺れに揺れ、行き着く先は誰も知らない。それでも長い目で見れば「文学進歩」の途中に起こりうる話で、元禄期に俳諧が変遷したのと同じ現象のように思われる、と結んでいる。

子規の論評にある「正風」とは、文明開化や「進歩」の思想を背景にして段階的に発展しながら、時には後戻りしつつ徐々に達成される到達点だった。試行錯誤をへて、より「正」なるものに迫ろうとする認識の仕方は、私たちの感覚とほとんど変わらない。宗祇の「正風」連歌などに見られたような、過去に理想を求める「正」とは同列に置けなくなっている。

✝芥川龍之介の俗語論

芭蕉の俳論と称されているものの多くは、門人らが書き留めた師匠の言葉の断片だった。その中にあって土芳の『三冊子《さんぞうし》』は、芭蕉の俳論をうかがい知る手がかりとして高い評価を得ている。題名のとおり三部からなり、その一部が『黒冊子《くろぞうし》(忘れ水)』だった。芭蕉は卑俗な日常語を積極的に取り入れながらも、なおかつ下品に流れない「風雅」の道を探し求めたという一節がある。そこに「俗語を正す」が用いられていた。

師のいはく、俳諧の益は俗語を正すなり。つねに物をおろそかにすべからず。

「俗語」つまり日常語が取り上げられている点については、背景があった。もともと和歌や連歌では、原則的に雅語を用いていた。談林俳諧は日常語を用いた詠歌を試みたものの、どうしても上品さに乏しかった。あとから登場した芭蕉も、詠作の言葉から除外されてきた語彙が詩語になりうると考え、なるべく活用しようと試みた。その上で彼は、「俗語を正す」ことを心がけようと努めていた。そのあとに「つねに物をおろそかにすべからず」と語っているのは、日常のいかなる言葉も詠歌の素材に活用しうることが念頭に置かれている。

この「俗語を正す」は、表現のシンプルさもあって解釈に幅があり、芭蕉研究でも長年にわたって論じられてきた。ひとつの解釈としては、今まで卑俗なものとして顧みられなかった日常語に対する偏見を「正」し、雅語と同じ価値に引き上げたとされている。これは現代的な解釈の一例といえる。

「俗語を正す」について見方が分かれてきたのは、シンプルな言い回しのせいだけではなかった。本質的には、「正す」の意味が時代とともに変化してきたことによる。現に右のような文脈で語られた「俗語を正す」は、現代語の「正す」と異質で理解しにくい。すでに明治・大正時代の時点で、そう思われていた。

芥川龍之介（一八九二―一九二七）も、芭蕉の「俗語」に関心を持っていた。大正十二年（一九二三）から翌年にかけて、文芸誌の『新潮』に掲載された『芭蕉雑記』で、このテーマを取り上げている。「俗語」と題する項目が六番目にあり、芥川は芭蕉の作品から俗語の多い句を引用した。こうした例はたくさんあるから、「俳諧の益は俗語を正すなり」と彼が豪語したのも当然だと評している。「正す」の解釈についても、芥川は自分なりに分析している。

「正す」とは文法の教師のやうに語格や仮名遣ひを正すのではない。霊活に（活き活きと）語感を捉へた上、俗語に魂を与へることである。

芥川は右の引用の前半部で、芭蕉のいう「正す」が自分の時代のように文法や語法を修正する意味ではないと前置きした。その上で「俗語に魂を与へる」ことの意だと述べている。詩語としての命を、俗語に吹き込むことと分析している。

また芥川によれば、芭蕉は「俗語」だからこそ「俗語」を用いたのではなく、「詩語たり得る」からこそ用いた。その上で「俗語」だけでなく、「漢語」や「雅語」も分け隔てなく「正した」。聖俗さまざまな言葉を「詩語」として活用し、俳句の素材に取り入れて創作の可能性を広げた。それが芭蕉のいう「正す」だと分析し、後段では「平談俗話（世俗の談義）に錬金術を施した」とも形容している。ありふれた金属から貴金属を生成する錬金術のように、言葉の価値を飛躍的に高めたのが芭蕉だったと評している。

芥川が指摘したように、明治時代の芭蕉論では「正す」を正誤の次元で受け取る見方も示されていた。それは明治期の日本語「正す」が、すでにそう理解されていたからだった。『言海』は「正《タダス》」について「正シクナス。善ク改ム。ナホ（直）ス」と解説している。また「正誤」に関しては「誤リヲ正ス事。ナホシ」と出ている。ちなみに芥川は『言海』の愛読者で、「猫」の解説についてユーモラスに批評したことでも名高い（『澄江堂雑記《ちょうこうどうざつき》』二十四「猫」）。彼の「正す」解釈の原点も、『言海』だったのかもしれない。

芭蕉が語ったとされる「正す」について、芥川は俳句の改善や進歩に近い視点から分析していた。その上で、近代的な正誤の視点に立っていたわけではないと指摘していた。本来の状態に戻すことをいう古来の用法でもなく、芭蕉の「正す」は新旧の意味の過渡的な位置にあったと考えられる。

演劇改良運動

幕末に江戸歌舞伎を盛り上げたのが、狂言作者の河竹黙阿弥《かわたけもくあみ》（一八一六―九三）だった。五代目の鶴屋南北（一七九六―一八五二）に師事し、若い頃に二代目河竹新七《かわたけしんしち》を襲名している。のちに黙阿弥と改名し、今はこの名で知られている。近松門左衛門や四代目の南北と並び称され、江戸歌舞伎の大成者とみなされている。

黙阿弥の初期の代表作に、時代物の『青砥稿花紅彩画《あおとぞうしはなのにしきえ》』がある。まだ江戸時代だった文久二年（一八六二）に、江戸の市村座で初演された。通称「白浪五人男《しらなみごにんおとこ》」と呼ばれている。五人の白波（盗人）たちの因果を描いた本作は破格のヒットを記録し、黙阿弥は白浪作者とも称された。五人のひとりの弁天小僧《べんてんこぞう》役は、当時まだ十代後半だった五代目の尾上菊五郎《おのえきくごろう》（一八四四―一九〇三）が務めた。評判となってからは、歴代の菊五郎が当り役にしている。

時代物で名を成した菊五郎は、新しもの好きでも知られていた。凝った役作りや道具の工夫を好み、世相を反映した生世話を得意とした。維新後の風俗を取り入れ、髷《まげ》を切った散切頭の人物が登場する散切物《ざんぎりもの》も多く手がけた。話題の出来事や最新の流行なども、舞台上で忠実に再現している。

イギリスから来日した軽気球乗りのパーシヴァル・スペンサー（一八六四―一九一三）による気球乗りの興行も完全にコピーし、大いに話題を提供した。もとのイベントは、軽気球で昇った上空からスペンサーが飛び降り、パラシュートで着地していた。横浜公園や上野での実演は新聞各紙を賑わせ、観覧記事や次回予告の広告などが紙面を飾った。福沢諭吉の時事新報はスペンサーとタイアップし、上空から同紙のチラシを撒いていた。

菊五郎は黙阿弥に作品化の企画を持ち込むとともに、かねてから交流のあった福沢にも協力を求めた。このとき福沢は、菊五郎に英語の演説を提案している。菊五郎はスペンサーの身なりから立ち居振る舞い、さらには英語の台詞に至るまで完全にマスターした。斬新な取り組みと周到な用意のもと、黙阿弥の『風船乗評判高閣《ふうせんのりうわさのたかどの》』は明治二十四年（一八九一）の一月に歌舞伎座で上演された。スペンサーのイベントは前年の十月に開催されていたから、脚本が書かれて芝居の稽古がなされ、公演に漕ぎつけるまで約三か月の早業だった。

菊五郎をバックアップした福沢の『福翁自伝』によると、福沢家は亡き父の家風を守り、諭吉少年も芝居を見に行ったことがなかった。その彼が五十歳を過ぎてから足を運ぶきっかけになったのが、「演劇改良」と称する当時の機運だった。しだいに社会全体が西洋化に向かう流れの中で、伝統芸能も西洋流に改めていくべきとの声が高まっていた。とりわけ新政府は来日した賓客をもてなすにあたり、国産の演劇が欧米社会のオペラのような社交の場になることを望んでいた。能楽に対しては早々に着手されていたが、歌舞伎は卑俗で奔放な要素が濃厚すぎて、賓客に披露できないとみなされていた。

第一次の伊藤博文（一八四一―一九〇九）内閣が組閣された鹿鳴館時代の明治十九年（一八八六）には、伊藤の意向を受けて演劇改良会が結成された。芝居については素人だった福沢も、遅まきながら明治二十年（一八八七）に初めて新富座《しんとみざ》で芝居を観た。たちまち感銘を受け、九代目の市川団十郎（一八三八―一九〇三）や菊五郎らと交流をはかるようになっていた。演劇改良会の結成についても時事新報に時折寄稿し、意見を述べている。

明治二十年十一月三日付の時事新報には「芝居論」が掲載された。政府やメディアによる押しつけがましさを避けながら、少しずつ好転させて徐々にその地位を高めていくのが妥当とする立場を示している。長年にわたって大衆演劇であり続けたものを、性急に高尚なものに改めようとすると、昔ながらの贔屓筋の客を失ってしまうと福沢は考えた。明治二十一年(一八八八)六月九日付の「演劇演芸の改良」では、「この種の改良は人文の進歩と共に自然に行はるるもの」だと述べている。当時の第一線の文化人らしく、「進歩」の視点から歌舞伎の改革を進めるよう提言している。

同年の十月九日付の号からは、都合四回にわたって「芝居改良の説」と題する長文を寄稿している。十月十三日の第三回の論説では、興行や運営といった主催者側の課題に言及した。そこには、明治時代的な「正」の主張が見られる。最初の姿を理想とする伝統的な「正」ではなく、旧弊を改めることによって到達できる、現代的な「正」になっている。

改良の要は、芝居の当局者たる座主も役者も、ようやく磊落《らいらく》の気風を脱して商売の主義に近づき、道楽を転じて正業に帰するにあるのみ。

「(豪放)磊落の気風」と評しているように、歌舞伎はもともとアウトロー的な傾奇者《かぶきもの》から始まっていた。定期公演が軌道に乗ってからも、経営面では多分にどんぶり勘定なところがあった。その悪しき慣例を改め、興行ビジネスの視点を取り入れる。そうして古い体質を克服すれば、「道楽を転じて正業に帰する」ことができると福沢は展望した。「正業に帰する」といっても従来の「道楽」に立ち返るわけではなく、むしろ「改良」した先にたどり着ける近未来の「正業」が目標に掲げられていた。

福沢がくり返していた「改良」は、明治時代に入ってから認知度が急上昇していた。田口《たぐち》卯吉《きち》(一八五五―一九〇五)の『日本開化小史』(明治十年、一八七七―明治十五年、一八八二刊)第十章「徳川氏禍乱を戡定《かんてい》せしより(皇紀)二千五百年代の末に至る」にも、一例がある。田口によると、徳川幕府のもとでは民間にいる有能な人材が幕臣に採用されなかった。それどころか「弊習を改良」しようと口にすることさえ許されなかったと酷評されている。こういう指摘は、江戸時代を否定的に評する方向にも作用していた。

当時の「改良」は政治経済から教育や学術などの改善全般をあらわし、流行語に近かった。それを歌舞伎にも適用したのが「演劇改良」や「芝居改良」だった。アラタ(改)ムとアラタ(新)シのつながりからすれば、歌舞伎の「改良」とは「新」歌舞伎を目指す運動でもあった。菊五郎が舞台上で英語の口上を披露するといったパフォーマンスは、彼なりの「新」歌舞伎の真骨頂だった。

†劇聖になった団十郎

生粋の江戸っ子気質だった菊五郎は、新政府が主導する歌舞伎の「改良」を快く思っていなかった。対する九代目の市川団十郎（一八三八―一九〇三）は積極的に支持し、政府の方針や演劇改良運動を受けて写実的な新演出を試みた。維新前から写実志向で知られた団十郎は、従来の歌舞伎に見られる虚構の部分や荒唐無稽なストーリーを極力改めたいと願っていた。そのため白塗りの化粧や、華美な衣裳などの扮装をやめた。セリフ回しもなるべく実際の語り口に近づけ、演じ方や衣装がすでに定着している作品さえ見直そうと努めた。

ひたすら史実に即した団十郎の時代物は、歴史の活写の意で「活歴物《かつれきもの》」と呼ばれた。しかし虚実の境目を狙った近松的な作風と異なり、虚の要素を極力そぎ落とした舞台は観客に不評で、興行的に失敗続きだった。明治二十二年（一八八九）、歌舞伎座が開場すると座長に招かれたが、ここでも活歴物を演じたため客足が伸びなかった。

同じ歌舞伎座で明治二十四年（一八九一）に菊五郎が演じたのが、軽気球乗りのスペンサーだった。こちらも本物を忠実に再現した芝居だったが、もとのイベントに非日常ともいえる虚の要素がふんだんに備わっていた。話題性も含めて、『風船乗評判高閣』のヒットは最初から約束されていたようなものだった。その点、観衆が長年にわたって慣れ親しんできた時代物から虚の要素を取り去ると、どうしても違和感が拭い去れなかった。

九代目団十郎の父は、天保の改革のあおりを受けて江戸から追放された七代目の団十郎（一七九一―一八五九）だった。七代目は市川宗家のお家芸として、歌舞伎十八番を選定したことで知られる。九代目は父の歌舞伎十八番を補足する形で、自身の得意芸（十八番《おはこ》）だった活歴物も盛り込んだ「新歌舞伎十八番」を選定している。これは九代目による「新」業績だった。

活歴物による興行の失敗をへて、古典作品の歌舞伎に立ち返った九代目は、芝居の型の整備を進めた。やがて菊五郎、市川左団次《いちかわさだんじ》（初代。一八四二―一九〇四）とともに「団菊左《だんきくさ》」と総称される黄金時代が訪れ、歌舞伎界を盛り上げた。九代目が多くの演目で確立させた型は、今日の演出の手本になっている。その功績から「劇聖」と謳《うた》われ、今でも単に「九代目」といえば、九代目の市川団十郎のことをいう。

団菊左を支え、狂言作者として一時代を築いた河竹黙阿弥は明治二十六年（一八九三）に亡くなった。彼の没後に書かれ始めた一連の演目は、「新歌舞伎」と呼ばれている。もともと歌舞伎作品は、明治初年まで一座や芝居小屋専属の座付作者が書いていた。黙阿弥を賞賛していた坪内逍遥（一八五九―一九三五）をはじめとする外部の作者も台本を手がけるようになり、彼らのような新規参入組の作品群が「新歌舞伎」だった。

このほか岡本綺堂《おかもときどう》（一八七二―一九三九）や真山青果《まやませいか》（一八七八―一九四八）といった一線級の作家陣も参加し、欧米の演劇や小説を思わせる脚本が書かれた。劇中で登場人物の内面が掘り下げられるなど、文学的な要素が増している。それら「新歌舞伎」以前を代表する作者と目されていたのが、黙阿弥だった。

歌舞伎界の内部で刷新がなされる一方で、歌舞伎全体を「旧」勢力に見立てて差別化を図った「新」勢力の演劇もあらわれ、「新派」劇と呼ばれた。その起こりは、明治二十一年（一八八八）に自由党の壮士《そうし》（自由民権運動の活動家）だった角藤定憲《すどうさだのり》（一八六七―一九〇七）が座長となって大阪で立ち上げた大日本壮士改良演劇会にあった。士族の窮状などを訴えた「壮士芝居」を上演し、旗揚げしている。演劇の形式を借りた政治活動でもあった。

明治二十四年（一八九一）には、川上音二郎《かわかみおとじろう》（一八六四―一九一一）が堺市で「改良演劇」と銘打った一座を興して「書生芝居」を始めた。素人上がりの役者から出発した「壮士芝居」「書生芝居」によって、歌舞伎と異なる現代劇が始動した。明治二十八年（一八九五）には歌舞伎座の舞台で興行を打ち、観客が押し寄せた。素人が歌舞伎座の檜舞台を踏んだと九代目団十郎は激怒し、舞台を削り直させたと言われている。明治三十年代になると、ジャーナリズムが便宜的に歌舞伎を「旧派」、新しい演劇を「新派」と呼び分け、川上は「新派劇の父」とも称されている。

さらには戦後に書かれた歌舞伎の作品群のことを「新作（歌舞伎）」といい、歌舞伎の歴史だけでも多様な「新」作品や団体などが勃興していた。一方では役柄の型ができあがり、その土台の上にさまざまなアレンジとしての「改良」がなされていた。伝統と革新が織りなす領域で「新」や「改」といったキーワードが飛び交っていた。こうして全般的に「新」が強調されていく流れは、実社会だけでなく詠歌や舞台芸術などの領域にも見られた。時代の進歩を感じる意識の形成は、学術だけにとどまらず文芸の世界にも及んでいた。

以上、いくつかのキーワードをもとに進歩の思想が形成されていく跡をたどってみた。言葉の意味が変化したり、新語が登場したり、伝統的な言葉が消えたりといった言葉の栄枯盛衰が至るところに見られた。もともと古くて身近な言葉ほど意味が変化しにくく、実際にその推移があまりにもゆっくりすぎると、移り変わりが見えにくい。それでもありふれた日常語の動きこそ、文芸や学術の悠久な歩みを把握しようとする際に、着目するに値するのではないだろうか。

おわりに

よく「言葉は生き物だ」といわれる。世の中の移り変わりや、流行《はや》り廃《すた》りに連動して新語が誕生したり、従来からある言葉が不意に脚光を浴びたりする。そのまま定着して日常語の仲間入りを果たすこともあれば、瞬時に飽きられて忘れ去られていくケースも間々ある。ひたすら気まぐれで予想不能な部分は、まさに「生き物」と呼ぶにふさわしい。

その点「新」の語は、流行に振り回されやすい素地があったわけではなかった。現に古代や中世社会では、取り立てて語義変化を起こさなかった。それが江戸時代から明治時代にかけて、意味するところが百年単位でじわじわと推移し、従来よりも好意的に受け止められるようになった。結果的には思いのほか大きな変貌を遂げた末に、現代語の「新」が醸成されている。その過程で産み落とされる「新」関連語彙の量は、二十一世紀の今も衰える気配がなく、巨大な流行り言葉のようでもある。現在進行形の動きなので、今後どう推移していくのか見えてこないが、可能な範囲でその行く末を追ってみたいと思う。

「新」の字をテーマにしたこの本は、四半世紀近く前に書いた『本《まこと》の字から江戸がみえる』（研成社、一九九八年）がもとになっている。そのときは題名にある「本」がおもなテーマで、「新」とのつながりについてはほんの少し触れた程度だった。そこから徐々に「新」の側に話を広げていくうちに、進歩との関連が欠かせなくなってきた。その流れで、別の旧著『算勘」と「工夫」——江戸時代の数学的発想』（研成社、一九九四年）の内容もいくらか取り込んだ。そうして増改築を重ねた末に、今回のこの内容に至っている。

完全にリフォーム済みとはいえない拙稿だったが、編集部の松田健さんのご厚意により、新書のラインナップに混ぜていただいた。この場をお借りして、感謝申し上げたい。

本文中で引用した史料に関しては、国立国会図書館や早稲田大学図書館をはじめとする所蔵機関の古典籍や叢書類などを参照させていただいた。掲載した参考史料・参考文献の欄には「国会」「早稲田」などと表記して出典を示した。この件に関しても改めて明記し、お礼を申し上げたい。

参考史料・参考文献

第一章

永積安明他校注『保元物語 平治物語』日本古典文学大系三一、岩波書店、一九六一年
藤原定家『明月記』三、国書刊行会、一九一二年（国会）
矢代和夫他校注『梅松論 源威集』新撰日本古典文庫三、現代思潮新社、二〇一〇年
『司法資料 第一七〇号 徳川禁令考（第一帙）』司法省調査課、一九三四年（国会）
佐伯梅友校注『古今和歌集』日本古典文学大系八、岩波書店、一九五八年
橋本不美男校注『歌論集』新編日本古典文学全集八七、小学館、二〇〇一年（『俊頼髄脳』）
藤原定家『明月記』一、国書刊行会、一九一一年（国会）
内外書籍株式会社編『新校 群書類従』一三、内外書籍、一九二九年（『延慶両卿訴陳状』『吾妻問答』『老のすさみ』国会）
木村正辞他監修『国歌大観 続 歌集部』紀元社書店、一九二五年（『拾遺愚草』国会）
久松潜一他校注『歌論集 能楽論集』日本古典文学大系六五、岩波書店、一九六一年（『近代秀歌』『三道』『毎月抄』『風姿花伝』）
橋本不美男他著・訳『歌論集』新編日本古典文学全集八七、小学館、二〇〇一年（『詠歌大概』）
阪倉篤義他校注『竹取物語 伊勢物語 大和物語』日本古典文学大系九、岩波書店、一九五七年
世阿弥著、野上豊一郎他校訂『風姿花伝』岩波文庫、一九五八年
世阿弥著、野上豊一郎校訂『能作書・覚習条条・至花道書』岩波文庫、一九九七年
宗祇『長六文』写本（宮内庁書陵部）

土井忠生他編訳『邦訳 日葡辞書』岩波書店、一九八〇年
松村明監修『デジタル大辞泉』小学館、二〇一二年
紀貫之作、鈴木知太郎校注『土左日記』岩波文庫、一九七九年
池上洵一編『今昔物語集 本朝部 上』岩波文庫、二〇〇一年
野々口立圃『はなひ草』二条通玉屋町、一六三六跋（早稲田）
竹内若校訂『毛吹草』岩波文庫、一九四三年
佐藤泰舜校訂『夢窓国師 夢中問答』岩波文庫、一九三四年
『一休ばなし』（国文学研究資料館）
梶原正昭他校注『平家物語』三、岩波文庫、一九九九年（「宇治川先陣」）
笠松宏至『徳政令――中世の法と慣習』岩波新書、一九八三年
菊地康明『日本古代土地所有の研究』東京大学出版会、一九六九年
勝俣鎮夫『一揆』岩波新書、一九八二年
網野善彦『増補 無縁・公界・楽――日本中世の自由と平和』平凡社選書、一九八七年
土田耕督『「めづらし」の詩学 本歌取論の展開とポスト新古今時代の和歌』大阪大学出版会、二〇一九年
清水克行『大飢饉、室町社会を襲う！』吉川弘文館、二〇〇八年

第二章

山崎与右衛門『塵劫記の研究 図録編』森北出版、一九六六年
池田廣司・北原保雄編『大蔵虎明本 狂言集の研究 本文編』上、表現社、一九七二年
久松潜一他校注『歌論集 能楽論集』日本古典文学大系六五、岩波書店、一九六一年（『花鏡』）
貝原益軒著、石川謙校訂『養生訓・和俗童子訓』岩波文庫、一九六一年

寛閑楼佳孝撰『北里見聞録』四（早稲田）
吉田半兵衛画『好色由来揃』三、万屋彦三郎、一六九二年（国会）
祐田善雄校注『曽根崎心中・冥途の飛脚 他五編』岩波文庫、一九八四年
歌舞伎評判記研究会編『歌舞伎評判記集成』第一期二、岩波書店、一九七二年（『役者大鑑』）
歌舞伎評判記研究会編『歌舞伎評判記集成』第一期五、岩波書店、一九七二年（『役者色景図』）
守随憲治他校注『近松浄瑠璃集』下、日本古典文学大系五〇、岩波書店、一九五九年（『難波土産』）
為永一蝶『歌舞妓事始』三、八文字屋八左衛門、一七六二年（国会）
井原西鶴撰『生玉万句 解説』靖文社、一九四二年（国会）
池西言水『江戸蛇之鮓』一六七九年（国文学研究資料館）
与謝野寛等編『芭蕉全集』前、日本古典全集一、日本古典全集刊行会、一九二六年（『常盤屋之句合』『初懐紙評註』国会）
向井去来、服部土芳著、潁原退蔵校訂『去来抄 三冊子 旅寝論』岩波文庫、一九九一年（『去来抄』『あかさうし』）
松尾芭蕉『俳諧一葉集』五、一八二七年（早稲田）
井原西鶴『西鶴文集』下、有朋堂書店、一九二七年（『西鶴織留』国会）
野々口立圃『はなひ草』二条通玉屋町、一六三六跋（早稲田）
竹内若校訂『毛吹草』岩波文庫、一九四三年
丹岳野必大千里『本朝食鑑』二、平野氏伝左衛門、一六九七年（国会）
木村蒹葭堂序、蔀関月画『日本山海名産図会』一、塩屋長兵衛、一七九九年（国会）
高柳真三・石井良助編『御触書寛保集成』岩波書店、一九三四年
荻生徂徠著、辻達也校注『政談』岩波文庫、一九八七年
石井良助編『御当家令条 律令要略』近世法制史料叢書二、弘文堂、一九三九年（「諸国山川掟」）
蘆田伊人編『新編武蔵国風土記稿貳』大日本地誌大系一―二、雄山閣、一九三四年（国会）

吉川幸次郎他校注『荻生徂徠』日本思想大系三六、岩波書店、一九七三年（『政談』）
石井良助編『近世法制史料叢書 別篇』弘文堂、一九四四年（『享保撰要類集』）
頼惟勤校注『徂徠学派』日本思想大系三七、岩波書店、一九七二年（『経済録』）
滝本誠一編『改訂 日本経済叢書』六、大鐙閣、一九二三年（『春台上書』国会）
井原西鶴作、東明雅校訂『日本永代蔵』岩波文庫、一九五六年
宮崎安貞『農業全書』二（国会）
貝原好古『諺草』四（国文学研究資料館）
貝原益軒『続和漢名数』三（国会）
神沢貞幹編『翁草』五車楼書店、一九〇五―六年（国会）
村井昌弘『量地指南』前編、一七三三年（早稲田）

笹本正治『中世の音・近世の音――鐘の音の結ぶ世界』名著出版、一九九〇年
小宮豊隆『芭蕉の研究』岩波書店、一九三三年（国会）
橋口侯之介『江戸の古本屋』平凡社、二〇一八年
橋口侯之介『続和本入門――江戸の本屋と本づくり』平凡社、二〇〇七年
木村礎『近世の新田村』吉川弘文館、一九九五年

第三章

吉川幸次郎他校注『荻生徂徠』日本思想大系三六、岩波書店、一九七三年（『弁名』）
頼惟勤校注『徂徠学派』日本思想大系三七、岩波書店、一九七二年（『聖学問答』）
乙葉弘校注『浄瑠璃集』上、日本古典文学大系五一、岩波書店、一九六〇年（『仮名手本忠臣蔵』）
西山松之助他校注『近世芸道論』日本思想大系六一、岩波書店、一九七二年（『戯財録』）

伊原敏郎『近世日本演劇史』早稲田大学出版部、一九一三年（国会）
浦山政雄他校注『歌舞伎脚本集』上、日本古典文学大系五三、岩波書店、一九六〇年（『韓人漢文手管始』）
中村仲蔵著、郡司正勝校注『手前味噌』青蛙選書、一九六九年
山東京伝全集編集委員会編『山東京伝全集』二、ぺりかん社、一九九三年（『世上洒落見絵図』）
土屋元作『新学の先駆』博文館、一九一二年（国会）
杉田玄白他『解体新書』序図（早稲田）
杉田玄白著、緒方富雄校注『蘭学事始』岩波文庫、一九八二年
宇田川玄真『医範提綱』一、青藜閣、一八〇五年（早稲田）
杉田玄白著、大槻玄沢述『養生七不可』出版者不明、一八〇一跋（早稲田）
金谷治訳注『論語』岩波文庫、一九六三年
平野重誠『病家須知』一、三、心斎橋通安堂寺町、一八三二―五年（早稲田）
扶歇蘭度著、緒方章訳『扶氏経験遺訓』二、心斎橋通安堂寺町、一八五七年（早稲田）
フレミング著、牧野鋓太抄訳『乳肉鑑識（弗氏）』静岡県産馬会社、一八八七年（国会）
荻生徂徠著、辻達也校注『政談』岩波文庫、一九八七年
『二百拾番謡目録』写本（国文学研究資料館）
吉川幸次郎他校注『本居宣長』日本思想大系四〇、岩波書店、一九七八年（『玉勝間』）
本居宣長著、村岡典嗣校訂『玉くしげ　秘本玉くしげ』岩波文庫、一九三四年
塚谷晃弘他校注『本多利明　海保青陵』日本思想大系四四、岩波書店、一九七〇年（『稽古談』）
滝本誠一編『日本経済叢書』一八、日本経済叢書刊行会、一九一五年（『万屋談』国会）
今井宇三郎他校注『水戸学』日本思想大系五三、岩波書店、一九七三年（『新論』）
平山諦他編集『会田算左衛門安明』私家版、一九八二年（『当世塵劫記』『算法天生法指南』）
日本学士院日本科学史刊行会編『明治前日本数学史』四、岩波書店、一九五九年（『算法千里独行』）

吉川幸次郎他校注『伊藤仁斎・伊藤東涯』日本思想大系三三、岩波書店、一九七一年（『語孟字義』）
吉川幸次郎他校注『荻生徂徠』日本思想大系三六、岩波書店、一九七三年（『弁名』『徂徠先生学則』）
国書刊行会編『文明源流叢書』二、国書刊行会、一九一三―一四年（『暦象新書』国会）
中村幸彦校注『風来山人集』日本古典文学大系五五、岩波書店、一九六一年（『放屁論』）
後藤梨春『紅毛談』梧陰菴、一七六五序（早稲田）
守随憲治校訂『舞曲扇林・戯財録』岩波文庫、一九四三年
秋里籬嶌著述『摂津名所図会』森本太助、一七九八年（国会）
宇田川榕菴『舎密開宗』内編・巻二、須原屋伊八、一八三七―四七年（国会）
堀達之助編『英和対訳袖珍辞書』蔵田屋清右衛門、一八六九年（国会）
福沢諭吉『西洋事情』外編三、慶応義塾出版局、一八七二年（国会）
西田知己『日本語と道徳――本心・正直・誠実・智恵はいつ生まれたか』筑摩選書、二〇一七年

第四章

目加田誠『詩経』講談社学術文庫、一九九一年（別訳）
内閣官報局『法令全書』内閣官報局、一八八七年（国会）
福沢諭吉『学問のすすめ』岩波文庫、一九七八年
『中外新聞』五、紀伊国屋源兵衛、一八六九年（早稲田）
福沢諭吉『新訂 福翁自伝』岩波文庫、一九七八年
冲志楼主人『童蒙必読 維新御布告往来』思明楼、一八七二年（国会）
『学問の心得』堺県学校、一八七三年（国会）
横尾謙七作・序、村田海石書『習字勧商往来』田中宋栄堂、一八七三年（国会）

大槻文彦編『言海』大槻文彦、一八九一年（国会）
ジョージ・レウエス『哲学通鑑』一、石川書房、一八八四年（国会）
ヴィアル『近世戦史略』陸軍文庫、一八八五年（国会）
福沢諭吉『訓蒙窮理図解』上、慶応義塾同社、一八六八年、（慶応義塾大学メディアセンター）
福沢諭吉『文明論之概略』岩波文庫、一九六二年
片山淳吉『官版 物理階梯』文部省、一八七二年（国文学研究資料館）
福沢諭吉著、慶応義塾編『福沢諭吉全集』一、岩波書店、一九六〇年（「福沢全集緒言」）
サミュエル・スマイルズ著、中村正直訳『西国立志編』講談社学術文庫、一九八一年
コンドルセ著、渡辺誠訳『人間精神進歩史 第一部』岩波文庫、一九五一年
国木田独歩『国木田独歩集』現代日本文学全集五七、筑摩書房、一九五六年
町田源太郎『日本奇人伝』晴光館、一九〇九年（国会）
高柳真三・石井良助編『御触書寛保集成』岩波書店、一九三四年
蕃書調所編訳「バタヒヤ新聞」一七、老皀館、一八六二年（国会）
堀達之助編『英和対訳袖珍辞書』洋書調所、一八六二年（早稲田）
東江学人『文明開化内外事情』初編、東生亀次郎、一八七三年（国会）
柴田昌吉・子安峻編『英和字彙 附音挿図』日就社、一八七三年（国会）
新聞集成明治編年史編纂会編『新聞集成明治編年史』一四、林泉社、一九三六年（国会）
土屋元作『新学の先駆』博文館、一九一二年（国会）
柴田昌吉、子安峻『英和字彙』日就社、一八八七年（国会）
今井宇三郎他校注『水戸学』日本思想大系五三、岩波書店、一九七三年（『新論』）
松本三之介『近世史論集』日本思想大系四八、岩波書店、一九七四年（『大勢三転考』）
小中村義象『大政三遷史』吉川半七、一八八八年（国会）

水谷仁海『新仏教』森江佐七、一八八八年（国会）
井上円了『円了茶話』哲学館、一九〇二年（国会）
村上専精『日本仏教史綱』下、金港堂、一八九九年（国会）
辻善之助『日本仏教史概説』好学社、一九四八年（国会）
星野久成編『英和熟語集』杉山辰之助、一八九八年（国会）
イーストレーキ、越山平三郎著『新撰英和熟語集』積善館、一九〇四年（国会）
新渡戸稲造等監輯『英和俗語熟語故事大辞典』実業之日本社、一九一一年（国会）
岡倉由三郎編『新英和中辞典』研究社、一九二九序（国会）
立花北枝『山中問答』写本（早稲田）
正岡子規『俳諧大要・俳人蕪村・俳句問答・俳句の四年間』籾山書店、一九一三年（国会）
正岡子規『獺祭書屋俳話 芭蕉雑談』岩波文庫、二〇一六年
向井去来、服部土芳著、潁原退蔵校訂『去来抄 三冊子 旅寝論』岩波文庫、一九九一年
芥川龍之介『芥川龍之介全集』七、筑摩書房、一九八九年
福沢諭吉著、慶応義塾編『福沢諭吉全集』一一、岩波書店、一九六〇年
田口卯吉『日本開化小史』岩波文庫、一九六四年
土屋礼子『大衆紙の源流——明治期小新聞の研究』世界思想社、二〇〇二年

ちくま新書
1635

「新《あたら》しさ」の日本思想史《にほんしそうし》
——進歩志向《しんぽしこう》の系譜《けいふ》を探《さぐ》る

二〇二二年二月一〇日　第一刷発行

著　者　西田知己（にしだ・ともみ）

発行者　喜入冬子

発行所　株式会社　筑摩書房
東京都台東区蔵前二-五-三　郵便番号一一一-八七五五
電話番号〇三-五六八七-二六〇一（代表）

装幀者　間村俊一

印刷・製本　三松堂印刷　株式会社

ISBN978-4-480-07461-4 C0221